顧問先経営指導に使える・役立つ

税理士のための
中小会計要領
活用ガイド

清文社

はしがき

　バブルに踊っていた昭和の末（1986年）から平成18（2006）年までの20年の間に、わが国の中小企業は約100万社が消滅した。ほぼカナダ一国の中小企業に相当する企業が失われたのである。雇用の7割を占める中小企業がこれほど大規模に消滅した影響は計り知れない。経営環境は様変わりした。

　今後はどうか。足下を虚心に観察する限り、企業規模の格差がいっそう拡大するというのが、衆目の一致するところだろう。ますます中小企業が減少していくことは避けられそうにない。

　注目すべき新しい波が押し寄せている。「厳しい内外環境を勝ち抜く自立的な中小企業」（経済産業省中小企業政策審議会企業力強化部会「中間取りまとめ」（平成23年））が、これからの時代に求められるとする動きである。自立的な中小企業を育成するためには経営力強化が不可欠であり、そのためには中小企業の実態に即した会計ルールの整備・普及が喫緊の課題である、との認識が関係者のなかで急速に醸成されてきているのである。

　他方、こうしたうねりに呼応して、中小企業の経営者から、「中小企業の経営者が理解でき、対応可能で、自社の経営状況の把握に役立ち、事務・コスト負担が最小限」の新たな会計ルールが必要である、との意見書（日本商工会議所ほか「中小企業の実態に即した会計基準の策定に関する意見書」（平成22年））もまとめられた。

　経営者サイドから、いわば"経営に役立つ会計が必要だ"との意向が表明されたのである。この経営者からのメッセージは、厳しい環境のもとにある関係者に重く受けとめられた。

このような経緯を受けて誕生したのが、平成24年2月策定の「中小企業の会計に関する基本要領」（中小会計要領）である。
　一方、この20年ほどで2～3倍に激増した各種の士業・専門家が深刻な状況に陥っている。なかでも税理士業界は、厳しい問題に直面している。20年ほど前に比べ、税理士1人あたりの中小企業数がなんと半減しているのだ。顧客である中小企業が減っているのに競争相手が増えるという、典型的な競争激化の様相を、いま税理士業界は呈しているのである。生き残りのために、顧客の要望に必死で耳を傾ける者しか生き残れない時代に直面しているのだ。
　ところが、多くの業界関係者は、なぜか経営者が要望したこの中小会計要領を"青天の霹靂"とひとごとのように受けとめているようだ。
　しかし、事実関係を冷静に整理すれば、中小会計要領は突然に誕生したものではないことがわかる。中小企業関係者の種々の議論と試みを経て（筆者の実感では10年の歳月を経て）、未曾有の経済危機を背負って合意されたものなのである。単なる会計の問題ではないのだ。
　中小会計要領が目指す"経営に役立つ会計"を顧問先に提供することは、多くの会計事務所にとって未経験の分野であろう。実は、この経営に役立つ会計とは、「過去」を語る決算書作成に留まらず、経営の「現状」と「未来」を語る「情報」を提供する新たな会計サービスでもあるのだ。
　このままでは、過去の数字を決算書等として提供することに留まる旧来型の事務所と、「中小企業の経営者が活用しようと思えるよう、理解しやすく、自社の経営状況の把握に役立つ会計」（中小会計要領Ⅰ1「目的」）を実践して顧問先の成長に寄与しようとする会計事務所との違いが明確になることが、どうも避けられそうにない。
　これから経営環境が厳しくなればなるほど、経営の役に立つ会計は経営者から求められるようになる。他の士業やコンサルタントなどが、やさしくなった中小会計要領を使って中小企業の会計サービスに参入してくることも現実味を帯びてきた。会計サービスは無償独占ではないことが、平成24年

度からスタートした中小会計要領の集中広報・普及期間のなかで経営者に幅広く知られることとなるからである。経営者に選ばれる会計事務所であり続けられるか、真価が問われる時代が到来したのである。

　会計事務所を取り巻く環境は、大きく様変わりしつつある。社会のニーズの変化をにらみながら、顧問先の期待に応え続ける「大きな構想を描き実践する会計人」の誕生を、時代はいま求めているのである。

平成24年6月

「中小企業の会計に関する検討会」WG委員
税理士・公認会計士　櫻庭　周平

第1章 いまなぜ新会計か

- 第1節 ◆ 経営に役立っていない会計 ……………………………………… 3
- 第2節 ◆ "経営力強化に役立つ会計"が求められた ………………… 5
- 第3節 ◆ 「中小会計要領」誕生の背景 …………………………………… 8
  - 1 望ましい会計の模索　8
  - 2 中小企業の会計に関する基本要領　8
  - 3 会計専門家の戸惑い　9
- 第4節 ◆ 中小会計要領の戦略的な狙い ………………………………… 10
  - 1 顧問報酬への影響　10
  - 2 月次決算への影響　11
  - 3 計算書類作成の影響　12
  - 4 経営状況の把握に役立つ会計であることの影響　13
- 第5節 ◆ 普及・活用へ官民一丸の取組みがスタート ……………… 14
  - 1 官民挙げて　14
  - 2 会計ルール変更の問題ではない　15

第2章　中小会計要領の素顔

第1節 ◆ 構成と特徴 ··· 19
　　1　会計専門家は主体ではない　19
　　2　中小会計要領の構成　20
第2節 ◆ 適用対象と適用時期 ·· 22
　　1　適用対象　22
　　2　適用時期　22
第3節 ◆ 総論の分析 ··· 24
　　1　目　的　24
　　2　各論で示していない会計処理等の取扱い　25
　　3　適時の記帳　26
　　4　企業会計原則の確認　26

第3章　中小会計要領の「Ⅱ.各論」におけるポイント

第1節 ◆ 収益、費用の基本的な会計処理 ································· 31
　　1　中小企業の会計実務のポイント　31
　　2　収益の計上基準　32
　　　　実現主義が原則／実現主義の要件／計上基準の例外
　　3　費用の計上基準　34
　　　　発生主義が原則／発生主義の要件
　　4　収益・費用の対応　35
　　5　総額主義の原則　36
第2節 ◆ 資産、負債の基本的な会計処理 ································· 37
　　1　中小企業の会計実務のポイント　37

  2 資　産　38
    資産の分類／資産の計上基準／時価の変動

  3 負　債　39
    負債の分類／負債の属性別分類／負債の計上基準

  4 取得価額と取得原価　40

第3節 ◆ 金銭債権及び金銭債務 …… 42

  1 中小企業の会計実務のポイント　42

  2 金銭債権の会計処理　43
    金銭債権の概念／金銭債権の範囲／金銭債権の分類／金銭債権の計上基準／取得価額と債権金額が異なる場合／受取手形に関する注記／金銭債権の譲渡／貸借対照表上の表示

  3 金銭債務の会計処理　51
    金銭債務の概念／金銭債務の範囲／金銭債務の分類／金銭債務の計上基準／発行価額と債務額が異なる場合／貸借対照表上の表示

第4節 ◆ 貸倒損失、貸倒引当金 …… 56

  1 中小企業の会計実務のポイント　56

  2 貸倒損失　57
    貸倒損失の概念／法的に債権が消滅した場合／回収不能な債権がある場合／損益計算書上の表示

  3 貸倒引当金　60
    貸倒引当金の概念／貸倒引当金の計上／回収不能のおそれ／回収不能見込額の計算方法／貸借対照表上の表示／損益計算書上の表示

第5節 ◆ 有価証券 …… 64

  1 中小企業の会計実務のポイント　64

  2 有価証券の概念　65

  3 分類と評価　65

  4 有価証券の計上基準　66

  5 有価証券の取得価額　66

  6 評価基準と評価方法　67
    評価基準／評価方法

  7 強制評価減　68
    著しく下落とは／回復の見込みとは

8 貸借対照表上の表示　70

9 損益計算書上の表示　70

第6節 ◆ 棚卸資産　72

1 中小企業の会計実務のポイント　72

2 棚卸資産の概念　73

3 範　囲　73

4 棚卸資産の計上基準　73

5 棚卸資産の取得価額と取得原価　74

6 評価基準と評価方法　75
評価基準／評価方法

7 強制評価減　76
著しく下落とは／回復の見込みとは／時価とは

8 損益計算書上の表示　79

第7節 ◆ 経過勘定　80

1 中小企業の会計実務のポイント　80

2 経過勘定の概念　81

3 範　囲　81

4 経過勘定の会計処理　81
前払費用と前受収益／未払費用と未収収益／重要性の乏しい場合

5 経過勘定の具体的な処理　82
前払費用／前受収益／未払費用／未収収益

6 経過勘定の貸借対照表の表示　83

第8節 ◆ 固定資産　85

1 中小企業の会計実務のポイント　85

2 固定資産の概念　86

3 固定資産の計上基準　86

4 固定資産の取得価額　86

5 固定資産の減価償却　87
減価償却の方法／耐用年数と残存価額／特別償却／相当の減価償却

6　圧縮記帳　90

　　　7　評価損の計上　91

　　　8　ソフトウェア　92

　　　9　ゴルフ会員権　93

第9節 ◆ 繰延資産 94

　　　1　中小企業の会計実務のポイント　94

　　　2　繰延資産の概念　95

　　　3　繰延資産の範囲　95

　　　4　処　理　96

　　　5　法人税法固有の繰延資産　96

　　　6　償　却　97
　　　　　償却方法／一時償却

　　　7　損益計算書上の表示　100

第10節 ◆ リース取引 101

　　　1　中小企業の会計実務のポイント　101

　　　2　リース取引の概念　101
　　　　　ファイナンス・リース取引／オペレーティング・リース取引／所有権移転外ファイナンス・リース取引

　　　3　リース取引の会計処理　104
　　　　　賃貸借取引の方法と売買取引に準ずる方法の、いずれでも可／賃貸借取引の方法（参考）／賃貸借取引に係る方法／売買取引に係る方法に準じて会計処理する方法

　　　4　法人税法との関連　105

　　　5　注　記　105

第11節 ◆ 引当金 106

　　　1　中小企業の会計実務のポイント　106

　　　2　引当金の概要　107
　　　　　引当金の設定目的／引当金の設定要件／重要性の乏しい場合

　　　3　引当金の種類　108

4　賞与引当金　　109
　　　　　計上額／計算方法

　　　5　退職給付引当金　　110
　　　　　計上要件／計上額／計算方法／退職給付引当金の計上が不要の場合

第12節 ◆ 外貨建取引等　　112

　　　1　中小企業の会計実務のポイント　　112

　　　2　外貨建取引の概念　　113

　　　3　外貨の換算　　113

　　　4　為替相場　　113

　　　5　取引発生時の会計処理　　114
　　　　　HRで換算する／HRの適用

　　　6　決算時の会計処理　　115
　　　　　HRまたはCRで換算する／適用

　　　7　為替予約の会計処理　　117

　　　8　換算差額の会計処理　　117
　　　　　2つの会計処理方法／為替差損益

　　　9　（参考）法人税法との関係　　118

第13節 ◆ 純資産　　120

　　　1　中小企業の会計実務のポイント　　120

　　　2　純資産の概要　　121

　　　3　株主資本　　121

　　　4　資本金　　121

　　　5　資本剰余金　　122

　　　6　利益剰余金　　123

　　　7　評価・換算差額等　　125

第14節 ◆ 注　記　　126

　　　1　中小企業の会計実務のポイント　　126

　　　2　注記表の概要　　127

　　　3　会社計算規則が求める注記　　127
　　　　　注記表の位置づけ／注記表の内容

- 4 重要な会計方針に係る事項　129
- 5 株主資本等変動計算書に関する事項　130
- 6 会計方針の変更等に関する事項　130
- 7 貸借対照表に関する事項　130
- 8 その他の注記　131
- 9 本要領によることの注記　131

第4章　様式集

第1節 ◆ 会社法が定める計算書類等　135
- 1 会社法の体系　135
- 2 法人税法の体系　135
- 3 金融商品取引法　136
- 4 企業会計原則の体系　136

第2節 ◆ 中小会計要領が掲げる様式　137
- 1 貸借対照表　137
  金額表示／表示方法／特別の表示方法／表示について
- 2 損益計算書　141
  金額表示／表示方法／勘定科目（項目）の表示方法／表示について
- 3 株主資本等変動計算書　145
  株主資本等の一覧表／表示方法／様式に記載されていない事項／表示について
- 4 個別注記表　148
- 5 製造原価明細書　148
  製造原価明細書の意義／表示科目
- 6 販売費及び一般管理費の明細　151
  販売費及び一般管理費の明細の意義／表示科目について

第5章 経営に役立つ会計

第1節 ◆ 経営に役立つ会計の意義 ……………………………………………… 155
  1 中小会計要領の目的 155
  2 なぜ「経営に役立つ会計」なのか 156

第2節 ◆ 経営に役立つ会計の進め方 ………………………………………… 158
  1 「経営に役立つ会計」への誤解 158
  2 「経営に役立つ会計」のための手法 159

第3節 ◆ ケーススタディで理解する …………………………………………… 161
  1 ケースの概要 161
  2 経　過 161
    4年前、成長が可能と判断／3年前、ついに新規出店を決意／2年前、新店好調なるも既存店は微減／1年前、売上2割減で赤字に
  3 会計データは届いていた 162
    会計データは使われていない／会計データから問題を発見する／問題指摘は経営問題の解決に役立つか／中小会計要領の役割／作成レベルから実践レベルへ
  4 社長がチェックしていた経営情報 166
  5 毎日の売上をどのように把握していたか 167
  6 レジデータだけに頼る問題 167
    機会損失を把握できない／商品の効率はチェックせず／月間の利益が1月後にわかるという仕組みになっていた／資金繰りは勘と経験でやり繰り
  7 経営に役立つ会計への誘い 170
    ポイント／あるべき経営指標／実態を示す経営指標／オプト社の主な経営指標／問題の発見・分析・対策の流れ／その他の手法

資料　中小会計要領・中小指針・会社計算規則の対照表 ……………… 177

【凡　例】

■法令等の略記

中小会計要領	中小企業の会計に関する検討会「中小企業の会計に関する基本要領」（平成24年2月1日）
中小会計報告書	中小企業の会計に関する検討会「中小企業の会計に関する検討会報告書」（平成24年3月27日）
中小指針	中小企業の会計に関する指針作成検討委員会「中小企業の会計に関する指針（平成23年版）」（平成23年7月20日）
財務諸表等規則	財務諸表等の用語、様式及び作成方法に関する規則
財規ガイドライン	「財務諸表等の用語、様式及び作成方法に関する規則」の取扱いに関する留意事項について
金融商品会計基準	企業会計基準委員会 企業会計基準第10号「金融商品に関する会計基準」
会	会社法
会計規	会社計算規則
金商法	金融商品取引法
法法	法人税法
法令	法人税法施行令
法規	法人税法施行規則
法基通	法人税基本通達

■条数等の略記

会211③四イ	会社法第211条第3項第4号イ
中小会計要領Ⅱ1	中小企業の会計に関する基本要領「Ⅱ 各論」の「1 収益、費用の基本的な会計処理」
中小会計要領Ⅲ	中小企業の会計に関する基本要領「Ⅲ 様式集」
金融商品会計基準16	企業会計基準委員会 企業会計基準第10号「金融商品に関する会計基準」第16項

本書は平成24年6月1日現在の情報をもとに作成されています。

第1章

いまなぜ新会計か

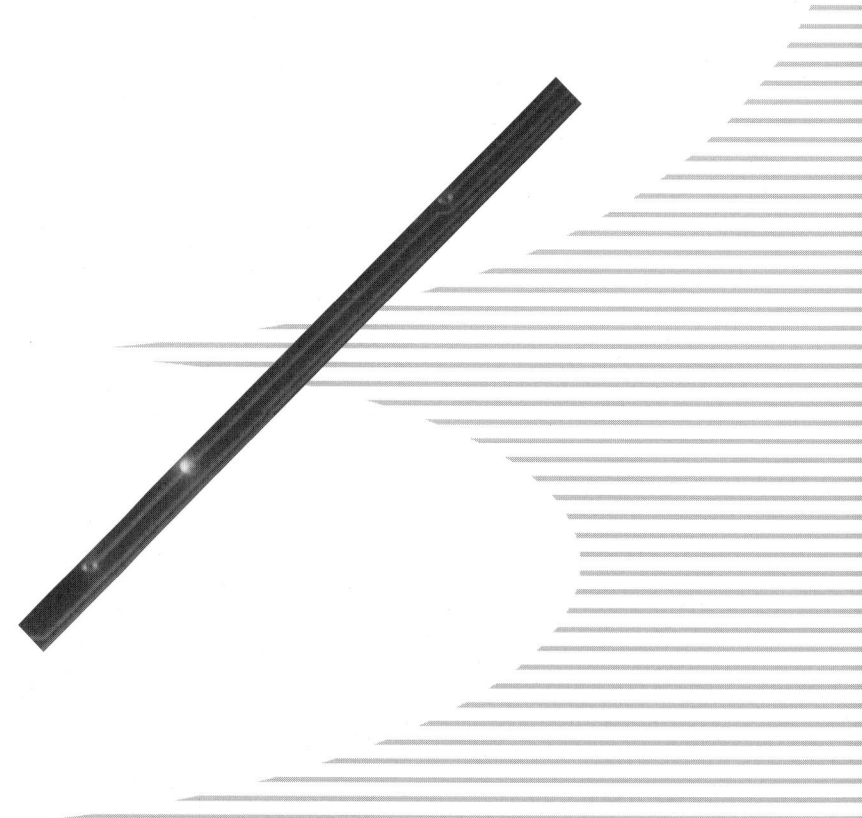

第1節 経営に役立っていない会計

　この20年ほどで、わが国の中小企業は2割以上、数にして100万社が消滅した。カナダ一国の中小企業に相当する企業、あるいはドイツの中小企業の半分以上に相当する企業、こうした膨大な数の中小企業がわが国で失われたのである。衝撃的な数値である。まさに生存を賭けた競争の時代に、中小企業は突入したといえよう。

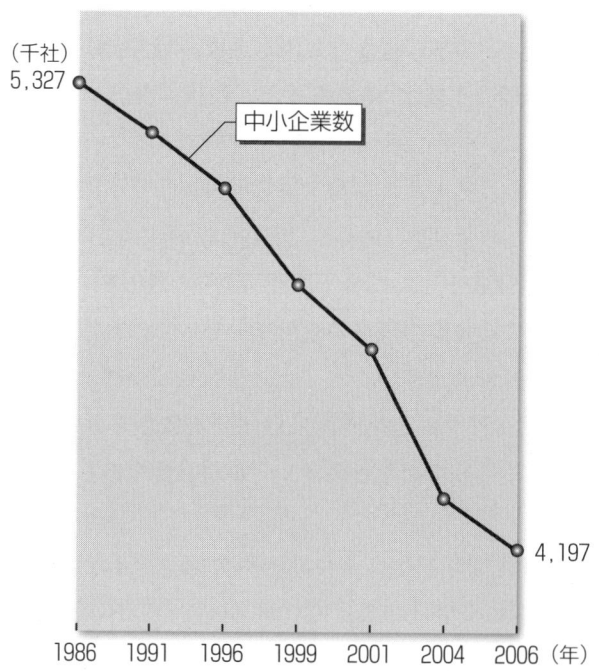

出所　中小企業庁「中小企業白書（2010年版）」ほかをもとに加工

経営者の意見書

> 平成22年6月、日本商工会議所など7団体は中小企業の会計基準の現状につき「中小企業の実態に即した会計基準の策定に関する意見書」を提起した。その要点は次のとおり。
>
> ▶ 現状の会計基準は、経営の実態に合わない
> ▶ 中小企業の実態に即した会計基準を新たに策定することが必要
> ▶ 新たな会計ルールは、「中小企業の経営者が理解でき、対応可能で、自社の経営状況の把握に役立ち、事務・コスト負担が最小限であることが不可欠」
> ▶ 「中小企業の目線に立ったものとして策定されることが極めて重要」
>
>
>
> | 新会計ルールの要件 |
> | --- |
> | ✓ 経営者が理解でき対応可能 |
> | ✓ 経営状況の把握に役立つ |
> | ✓ 事務・コスト負担が最小限 |

　こうした熾烈な競争環境に置かれる中小企業の経営者から、注目すべき提言が寄せられたのは、平成22年であった。現状の会計ルールは中小企業の実態に合わないので、中小企業の経営者が理解できるレベルで、自社の経営状況の把握に役立ち、そのうえ事務・コスト負担が最小限の新たな会計ルールが必要である、との意見書（日本商工会議所ほか「中小企業の実態に即した会計基準の策定に関する意見書」（平成22年）、以下「経営者の意見書」）である（上記図表）。

　この意見書は、中小企業の現行の会計サービスでは経営をありのままにつかめないと考える経営者が多いこと、会計サービスが高すぎると考える経営者が多いこと、こうしたことを率直に白日の下にさらけだした。そのうえで、経営者が使えるような新たな会計ルールが必要であることを、極めて率直に訴えている。

　中小企業の会計に関与している税理士や公認会計士などの会計専門家にとって、"中小企業の会計は経営に役立っていない"との顧客の静かな反乱に遭遇したに等しいこの事態にどのように応えるか、真価が問われることになったのである。

第2節 "経営力強化に役立つ会計"が求められた

　こうしたなか、注目すべき変化が中小企業関係者の間に生じている。厳しい内外環境を勝ち抜く中小企業像の検討[*1]である。そのなかで、自立的な中小企業が今後の中小企業像であると位置づけられたのである（6・7頁参照）。

　そのためには、何といっても中小企業自身の経営力強化が必要だとの考え方がクローズアップされてきた。さらに、中小企業の経営力強化のためには、インフラとしての中小企業の実態に即した会計ルールの整備・普及が喫緊の課題ではないか、との議論が中小企業関係者の間で真剣に交わされてきたのである。

　こうした方向性のもと、中小企業関係者によって中小企業向けの新会計ルールが模索されてきたのである。

　　*1　経済産業省中小企業政策審議会企業力強化部会（平成23年6月～）

中小企業の政策の方向性

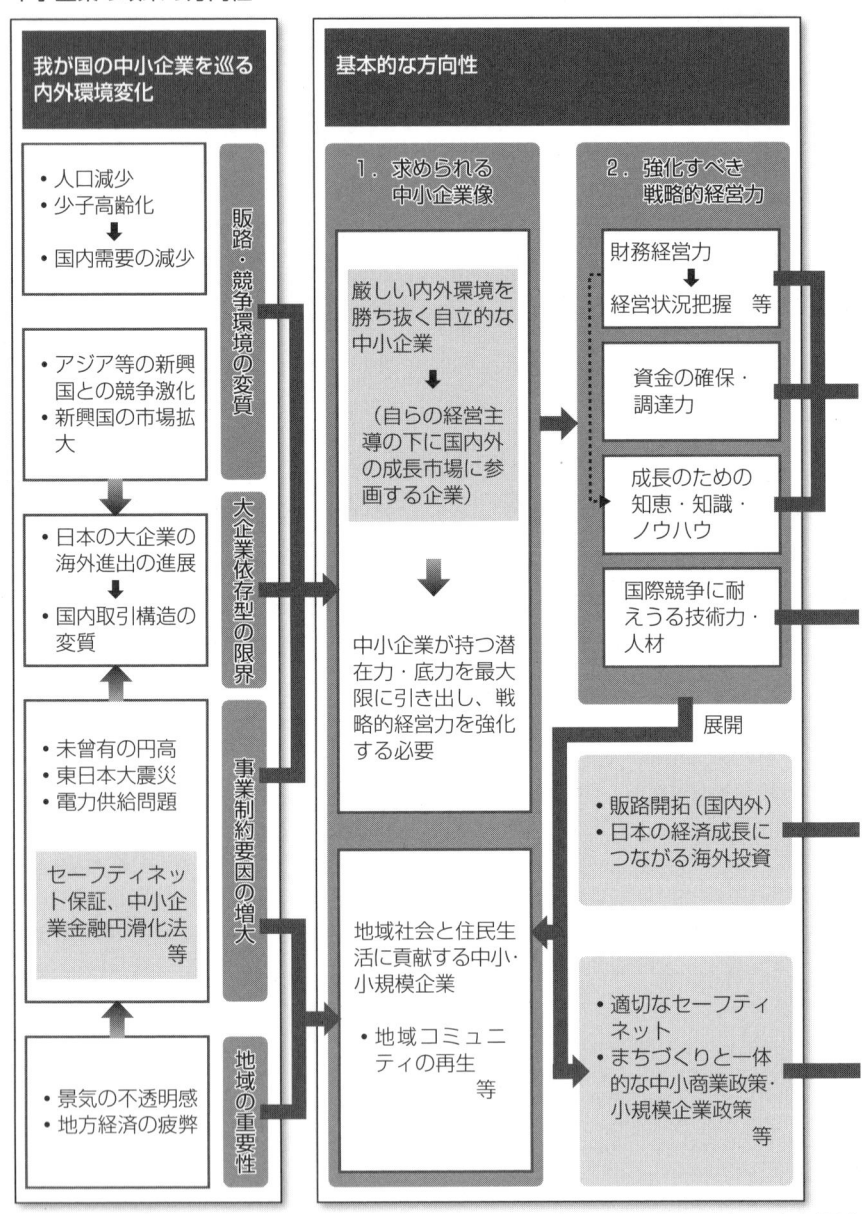

出所　経済産業省「中小企業政策審議会 企業力強化部会の中間取りまとめのポイント」(平成

第1章 いまなぜ新会計か

| 具体的施策の方向性 | ※中小企業施策の実施に当たっては、収益や売上といった明確な指標を設定するとともに、国の役割・ターゲットを明確にしていく必要がある。 |

1. 経営支援の担い手の多様化・活性化／金融

■ **経営支援の担い手の多様化・活性化を通じた経営力強化**
- 商工会等に加え、高度かつ専門的な経営支援を行う金融機関や税理士事務所等を取り込むことにより、経営支援の担い手の多様化・活性化を図る法的措置の検討

■ **経営支援機関と金融機関の連携強化、人材育成**
- リレーションシップ・バンキングの取組を実施する金融機関が貸付けを行う際、保証機関の信用保証に係る保証料率の割引を行う仕組みの創設
- 地域金融機関等人材に対する研修
- 経済産業局と地域金融機関の連携強化に向けた「金融連携プログラム」の推進

■ **中小企業の財務経営力の強化**
- 中小企業の実態に即した会計ルールの整備・普及

2. 技術　　　　　3. 人材

■ **技術力の強化・継承**
- ものづくり基盤技術の維持・強化
- 世界市場を目指す中小企業の連携体による試作品開発等
- 日本の知恵・技・感性をいかした技術・技能の継承のため、地域レベル等での研修

■ **人材確保・定着**
- 海外ビジネス経験の豊富な企業OBと中小企業とのマッチング
- 中小企業＝大学との関係構築から人材定着まで一気通貫で支援

4. 海外展開

■ **海外販路開拓等支援**
- 展示会への出展支援やバイヤー招へい等

■ **中小企業の本格的な海外展開に向けた総合的支援**
- 出資等による資本力の強化
- ワンストップ相談支援の強化
- 資金面による支援措置の拡充に向けた法的措置の検討

■ **日本の知恵・技・感性をいかした海外展開**

5. 起業、成長、再生、事業引継ぎ

■ **起業・創業、成長（新事業展開）**
- 創業間もない中小・ベンチャー企業の試作品開発・販路開拓
- 創業への無担保・無保証人融資制度の拡充
- 経営資源の融合（M&A）の促進
- 新事業展開の認定制度

■ **再生、事業引継ぎ**
- 中小企業再生ファンド組成の促進
- 事業引継ぎ支援センターの拡充

6. 中小商業政策・小規模企業政策

■ **地域生活ニーズのワンストップ拠点への転換**
- 地域の絆や共助の活動を再生していく取組みへの支援
- 商店街の新陳代謝を維持するための所有と利用の分離の促進

■ **まちづくりと一体となった商業政策**
- まちづくりと一体となった商業再生支援事例の創出と共有

■ **小規模企業者への支援**

23年3月12日）をもとに加工

第3節 「中小会計要領」誕生の背景

1 望ましい会計の模索

　実は、「中小企業にとって望ましい会計のあり方」の検討が、この10年ほど進められてきた。その成果のひとつが、会社法施行をにらんで平成17年に誕生した「中小企業の会計に関する指針」(以下「中小指針」)である。

　その後、会計制度の国際化が進むなか、平成22年に至り、中小企業の会計に関する多面的な検討が開始[*2]され、その結果、新たに中小企業の会計処理のあり方を取りまとめるべき等の方向性が提言された[*3]のである。

[*2] たとえば、中小企業庁「中小企業の会計に関する研究会」(座長：江頭前法制審議会会社法部会長、以下「研究会」)、経団連ほか「非上場会社の会計基準に関する懇談会」(座長：安藤企業会計審議会会長、以下「懇談会」)
[*3] 研究会中間報告書(平成22年9月)、懇談会報告書(平成22年8月)

2 中小企業の会計に関する基本要領

　前年の提言を受けて平成23年2月より検討が開始され[*4]、平成24年2月1日に至り策定・公表されたのが「中小企業の会計に関する基本要領」(以下「中小会計要領」)である。

　この中小会計要領は中小企業関係者のあいだで周到に準備されてきたものであるだけに、その普及・活用に注目が集まっている。

　中小会計要領の策定に至る過程で、決定的な役割を果たしたのは中小企業団体である。なかでも日本商工会議所の貢献ぶりは、刮目に値する。中小企業7団体の総意による経営者の意見書を取りまとめ、中小企業の会計は中小

企業の実態に即した「経営者が理解でき、対応可能で、自社の経営状況の把握に役立ち、事務・コスト負担が最小限であることが不可欠」（経営者の意見書）であるとの方向性を出したのは画期的であった。"経営に役立つ会計"が中小企業経営者より宣言された瞬間である。

今後、中小企業の成長に資することを目的に掲げる中小会計要領の普及・活用を通じて、戦略的経営力の強化と自立的な中小企業の育成が急速に進むことが期待される。

* 4 「中小企業の会計に関する検討会」（座長：万代一橋大学大学院教授、共同事務局：中企庁・金融庁、陪席：法務省・ASBJ）

❸ 会計専門家の戸惑い

他方、中小企業に係わる会計専門家は戸惑っているように見受けられる。会計専門家に支払った報酬（顧問料等）に見合うだけの会計サービスがなされていないと考える経営者が多いとの指摘があるなかで、中小会計要領が普及すると税務と会計をワンセットにした会計専門家のビジネスモデルが、急速に鮮度を失うのではないかと、危惧する向きもあるようだ。

確かにこれまでの60年ほど磐石を誇っていた"税務と会計をワンセットにしたビジネスモデル"が、時代の変化と中小企業経営者のニーズの変化、さらに会計専門家の激増によって、急速に鮮度を失いつつあるからだ。

中小企業に係わる会計専門家は、経営者が求める経営に役立つ会計への具体的な対応を急ぎ、中小企業支援に新たな視点から取り組むことが求められていることを自覚する時が来たのではないだろうか。

第4節 中小会計要領の戦略的な狙い

 また新たな会計ルール、中小会計要領が登場したと受け取める向きがある。だが「中小会計要領」の目的を丁寧に読み込むと、それでは本質的な問題とズレていることがわかるであろう。実は中小会計要領には、会計ルールの問題だけではなく、戦略的な狙いも込められているのだ。

❶ 顧問報酬への影響

 中小会計要領の目的として、「経営者が活用しようと思えるよう、理解しやすく、自社の経営状況の把握に役立つもの」で「中小企業に過重な負担を課さない」ものであることが掲げられている（中小会計要領Ⅰ1(2)）。
 ここから読み取るべき点は、会計事務所の顧問料が大きな試練に直面する可能性があるということだ。というのも、自分が理解できるレベルの会計業務をわざわざ税務の専門家に依頼する必要がないと経営者が考え始めると想定されるからである。過重な負担を覚悟して税務の専門家に頼まなくともいいのだ、などといった風潮が徐々に浸透する可能性がささやかれている。
 会計事務所のビジネスモデルの強みは、独占性を付与されている税務業務に非独占の会計業務を加えてパッケージとし、これを毎月の顧問料制度にしたことにあるといわれている。他士業が羨む「税務＋会計」の磐石の仕組みともいわれてきた（次頁図表）。
 ところが、中小会計要領は、経営と会計をパッケージとするものである。これまで見てきたように、経営に役立つ会計が必要だと経営者団体の総意で経営者の意見書が出され、これに応えて官民学挙げて「経営に役立つ会計」

税務と会計の関係が変化する

> ■ **税務と会計のパッケージ**
> 独占性を付与されている税務業務に対して非独占の会計業務も加えたパッケージとし、これを毎月の顧問料制度にした。
>
> ■ **経営と会計のパッケージ**
> だが、「経営に役立つ会計」は、経営と会計をパッケージとするもの。経営に役立つ会計が必要だと経営者団体の総意で経営者の意見書が出され、これに応えて官民学挙げて普及しようとしている。
> 現在の「税務＋会計」のビジネスモデルに大きな影響を及ぼす。特に、非独占業務である会計の領域に他業界からの参入が避けられない。

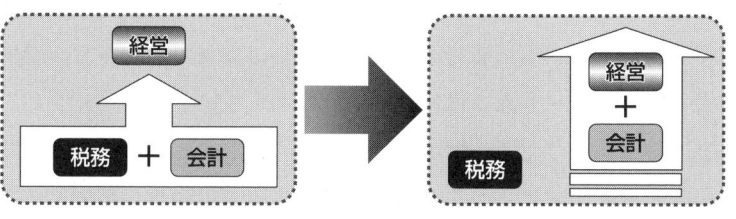

を普及しようとしているのである。

加えて、中小企業の会計業務そのものは会計専門家の独占業務ではなく誰でも携わることができるものであることが、中小会計要領の普及のなかで徐々に周知されるようになる。

税を離れた会計サービスは、これまでのように会計事務所が一手に引き受ける時代ではなくなり、他の参入も含めた競争が激化し、とりわけ価格競争がこれまで以上に激しくなることが予想されるのである。

❷ 月次決算への影響

中小会計要領の目的として、「中小企業の利害関係者（金融機関、取引先、株主等）への情報提供に資する会計」が掲げられている（中小会計要領Ⅰ1(2)）。

金融機関は、中小企業金融には定期的なモニタリングが必要だが、現状では中小企業全般に普及した会計ルールがないことから、財務諸表の信頼性に不安があり、中小企業の直近の経営状況や返済見通しを知るための資料がない、との問題意識を持っているとされる[*5]。

　そのため、今後は中小会計要領を通した顧客との決算書における信頼関係構築が必要であり、具体的には期中管理資料（資金繰り表、試算表等）の作成及び経営改善策等の策定についてコンサルティング的役割を金融機関側として発揮する必要があると方向づけられている[*5]。

　そのうえで、中小企業の会計（中小会計要領）の活用を促進し、自社の経営状況の適時の把握、及びそれを基にした金融機関との対話の促進を推進する必要があるとし、中小企業者の経営力・資金調達力の強化及び金融機関との長期安定的なリレーション構築を図るとしているのである。

　年一度の決算だけでなく、期中管理すなわち月次決算情報を翌月早期に顧問先に提供し助言することが、会計事務所の当たり前のサービスとして求められるようになるのである。

　　＊5　経済産業省「中小企業政策審議会　企業力強化部会」配布資料（平成23年7月）など

❸ 計算書類作成の影響

　会社法に適法な計算書類が作成されることは、株式会社を前提にすればメリットが大きい。金融機関に対しては特にこのメリットが強調できよう。

　同時に会社法上の権利義務が生ずるので、責任問題などへの配慮が欠かせない。虚偽記載や重要な項目の誤記などがないよう、しっかりした会計処理が求められると予想される。

❹ 経営状況の把握に役立つ会計であることの影響

　顧問先の経営に役立つ会計サービスを提供することは、多くの会計事務所にとって未経験の分野であるようだ。過去の決算書ではなく、現状と未来を語る経営情報に関することだからである。そのため、「経営者が理解し、自社の経営状況を適切に把握できる」会計を実践して顧問先の中小企業の成長に役立つために工夫する会計事務所と、過去の決算書を提出することに留まる旧来型の会計事務所との"顧客の要望に応える姿勢の違い"が明確になることは避けられそうにない。

　もちろん、厳しい経営環境のもと、経営の役に立つ中小会計要領の普及は避けられない。中小企業自身が求める経営のツールになるからである。

　具体的な対応の仕方については、第5章に概要を記したので参照されたい。

中小会計要領の影響

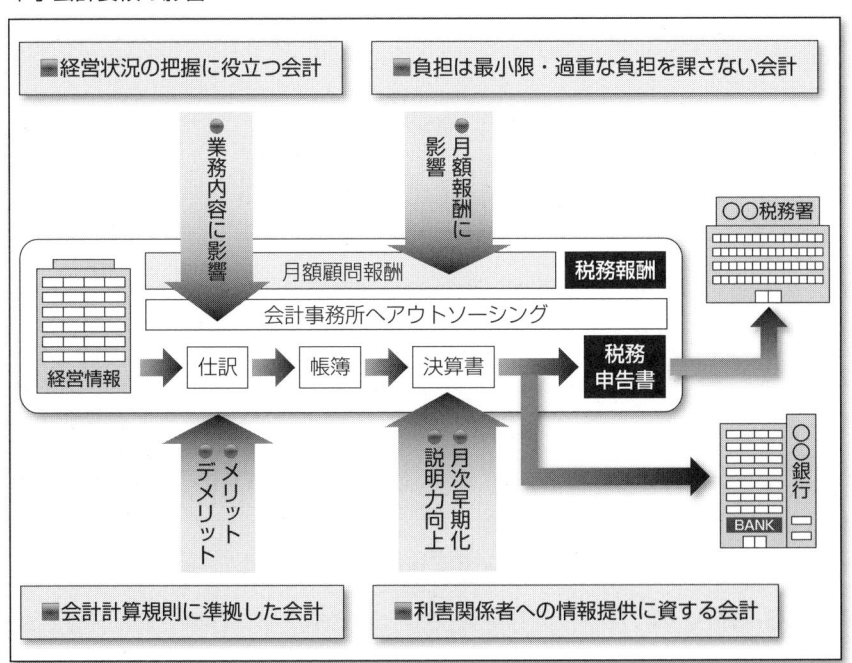

普及・活用へ官民一丸の取組みがスタート

　今回の中小会計要領は平成24年2月1日に公表されたところである。その後、3月27日に至り、「中小企業の会計に関する検討会報告書」(以下「中小会計報告書」)が公表された[*6]。

　この中小会計報告書は、財務会計のルールを記した中小会計要領に対する前文的な位置づけのものであるといっていいだろう。実は、中小会計要領はこの報告書とあわせて読むことで、その戦略的な狙いがよく理解できる。

　*6　中小企業の会計に関する検討会「中小企業の会計に関する検討会報告書」(平成24年3月)

❶ 官民挙げて

　政府・中小企業団体・金融機関そして会計専門家が一丸となって中小会計要領の普及・活用に取り組む方向が、中小会計報告書で示されている。当初、会計業界で支配的な空気だった「中小会計要領の取扱いはゆっくり吟味してから……」などといった業界の内輪での取組みレベルではなくなってきたのである(次頁図表)。

　たとえば、金融庁は監督指針や金融検査マニュアルに中小会計要領を織り込むことを決め、すでに公表している。日本政策公庫も0.2%・0.4%の優遇金利を公表した。さらに中小企業庁は、経営承継円滑化法などの計画認定に際して中小会計要領に従った計算書類等の提出を慫慂し、また補助金の採択時に中小会計要領に従った計算書類提出を評価するなど、まさに政府が先陣を切って普及・活用に取り組み始めている。

3年間、官民一丸となっての取組み

> ■ 広報・普及
> - ▶ 平成24年度からの3年間、中小会計要領の集中広報・普及期間に設定
>
> ■ セミナー・研修
> - ▶ 中小企業向けセミナー・研修（平成24年度に17,000回等）
> - ▶ 会計専門家、指導員等を対象にしたセミナー・研修
>
> ■ 作成支援
> - ▶ 計算書類の作成支援（税理士・会計士による取組み）
> - ▶ 記帳指導等（日商、全国中小企業団体中央会、全国商店街振興組合連合会等）
>
> ■ 活　用
> - ▶ 中小企業庁：
>   (1)法律による計画認定等で、中小会計要領に従った計算書類提出を慫慂
>   - 中小企業における経営の承継の円滑化に関する法律、その他
>   (2)補助金等募集で、中小会計要領に従う計算書類提出を慫慂。採択時に評価
>   - 新事業活動促進支援事業、その他
> - ▶ 金融庁：
>   監督指針・金融検査マニュアルに、中小会計要領等の活用を促すことも有効等を記載
> - ▶ 日税連：
>   チェックリストを作成
> - ▶ 政府系金融機関：
>   (1)政策公庫：優遇金利　（▲0.4％、　▲0.2％）、マル経融資（経営改善貸付）貸付
>   (2)商工中金：金利引下げを講じる

出所　中小企業の会計に関する検討会「中小企業の会計に関する検討会報告書」（平成24年3月）をもとに加工

❷ 会計ルール変更の問題ではない

　会計業界で見落とされているが、中小会計要領は単に決算書を新会計ルールで作成するだけのものではない。

　平成24年度からの集中広報・普及期間に、官民一丸となって取り組む中

小会計要領の普及・活用のなかで、定着する新たな中小企業会計の世界はどのようになるであろうか。そのひとつの姿は、中小企業の会計について、"やさしくて、誰でもできて、経営には手放せない情報源"といった理解が、経営者はもちろんのこと、経理担当者や関係者などに広く共有され当たり前になるといったことでないだろうか。

　こうした中小会計要領の時代に会計専門家はどう対応するか、いま固唾を飲んで中小企業関係者は見守っている。

第 2 章
中小会計要領の素顔

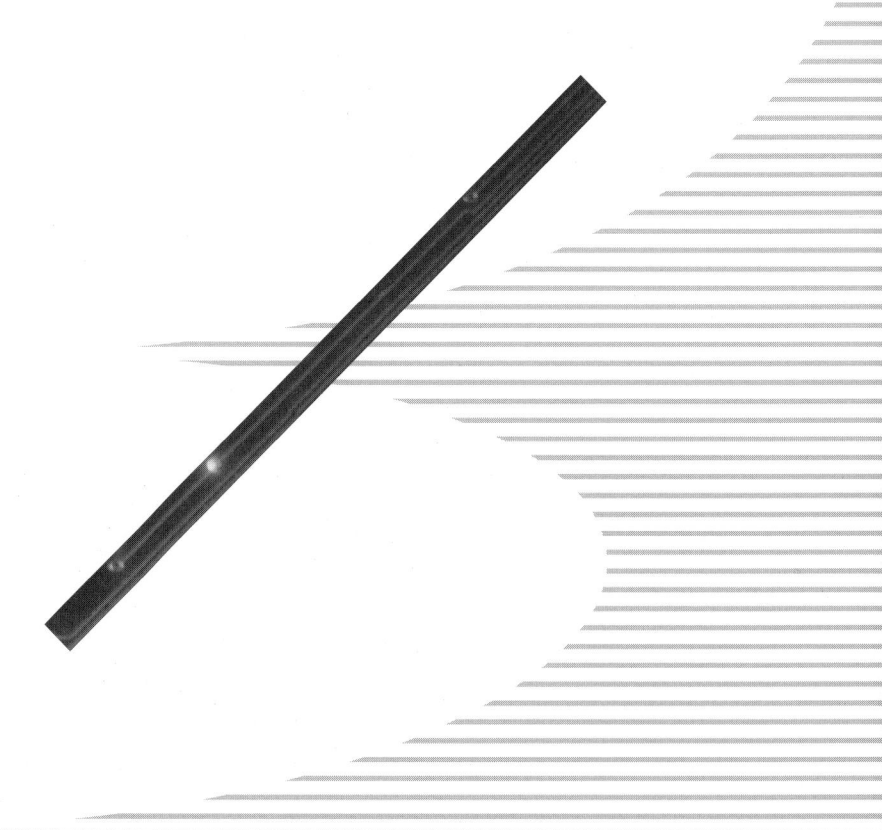

第1節 構成と特徴

❶ 会計専門家は主体ではない

　すでに述べたように「中小企業の会計に関する研究会による中間報告書」と「非上場会社の会計基準に関する懇談会による報告書」を受けて、平成23年に入り新たな会計ルールの策定主体である「中小企業の会計に関する検討会」が設置（同年2月15日）された。また検討会の議論を支えるものとしてワーキンググループ（以下「WG」）が置かれ、中小企業庁と金融庁が共同事務局を構成し、法務省がオブザーバーに就いて、新たな会計についての本格的な策定についての検討がスタートした。

　策定主体に着目されたい（次頁図表）。新たな会計ルールは、会計の問題であるにもかかわらず会計専門家は策定主体からは外れ、中小企業団体等5人・金融機関3人・学識経験者等3人の合計11名によって「中小企業の会計に関する検討会」は構成され取りまとめが行われることになったのである。

　会計専門家の役割が変化していることの表れであると見ることができよう。では、中小企業の分野で会計専門家はどのような役割を果すことが期待されるようになったのであろうか。

中小指針から中小会計要領への会計ルール策定方法の変化

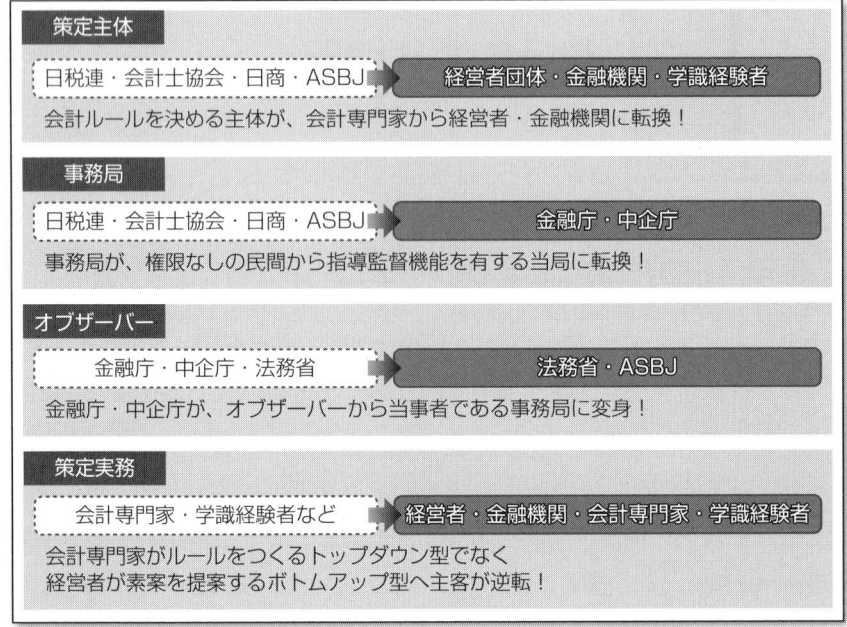

* 左側は中小指針に関するものであり、右側に中小会計要領に関するものを記している

❷ 中小会計要領の構成

中小会計要領は次頁図表の体裁となった。

中小会計要領の公表に際して示された「『中小企業の会計に関する基本要領』について」(平成24年2月。中小企業庁HP参照) によれば、中小会計要領の概要は次のとおりである。

① 総　論

　　中小企業の多様な実態に配慮し、中小企業の経営者が理解しやすく自社の経営状況の把握に役立つものとするとともに、会社計算規則に準拠しつつ、中小企業に過重な負担を課さないものとすること等を目的に記載するなど、「中小会計要領」の基本的な考え方を示している。

中小会計要領の構造

```
┌─────────────────────────┐
│ Ⅰ．総論                  │ ← ■目　的
│ Ⅱ．各論                  │   ✓中小企業の成長に資する
│   1．収益、費用の基本的な会計処理 │   ✓会社法上の計算書類作成
│   2．資産、負債の基本的な会計処理 │
│   3．金銭債権及び金銭債務   │ ← ■考え方
│   4．貸倒損失、貸倒引当金   │   ✓経営者が活用・理解でき経営状況把握可
│   5．有価証券             │   ✓利害関係者への情報提供に資する
│   6．棚卸資産             │   ✓慣行考慮、税制と調和、計規準拠
│   7．経過勘定             │   ✓負担最小限
│   8．固定資産             │
│   9．繰延資産             │ ← ■外見と実質
│  10．リース取引           │   ✓外見：財務会計の簡易版
│  11．引当金               │   ✓実質：経営に役立つ会計
│  12．外貨建取引等         │
│  13．純資産               │ ← ■中小指針との関係
│  14．注記                 │   ✓選択適用
│ Ⅲ．様式集                │   ✓不記載部分は中小指針等を適用
└─────────────────────────┘
```

② 各　論

　多くの中小企業の実務において実際に使用され、必要と考えられる項目（勘定科目）に絞るとともに、一定の場合の簡便な会計処理等を示している。また、中小企業経営者の理解に資するようわかりやすい表現にするとともに、解説を付している。

③ 様式集

　会社計算規則により作成が求められている貸借対照表、損益計算書等について、多くの中小企業の実務において実際に使用され、必要と考えられる項目（勘定科目）に絞ったうえで、様式例を示している。

第2節 適用対象と適用時期

1 適用対象

　中小会計要領の総論に掲げる「中小会計要領の利用が想定される会社」[7]において、「金融商品取引法の規制の適用対象会社」及び「会社法上の会計監査人設置会社」について、中小会計要領の利用から除外することが示されている。会計参与設置会社について備忘的な記載が付記されているが、結局は会計参与設置会社の場合にも中小会計要領の適用が可能であると整理された。

　したがって、中小企業においては、中小会計要領と中小指針のいずれかを選択適用することが想定される（次頁図表）[8・9]。

　　*7　中小会計要領Ⅰ2
　　*8　弥永真生「会社法に忠実の視点に立ち、最低限守るべき会計レベルを設定」税理（2012年1月号）
　　*9　江頭憲治郎「中小企業の実態をみれば新たな会計ルールの作成も必要」税理（2011年1月号）

2 適用時期

　適用時期は、特に明示されていない。いつからでも適用できるスタイルである。これは中小指針の場合と同様である。

第2章　中小会計要領の素顔

適用対象

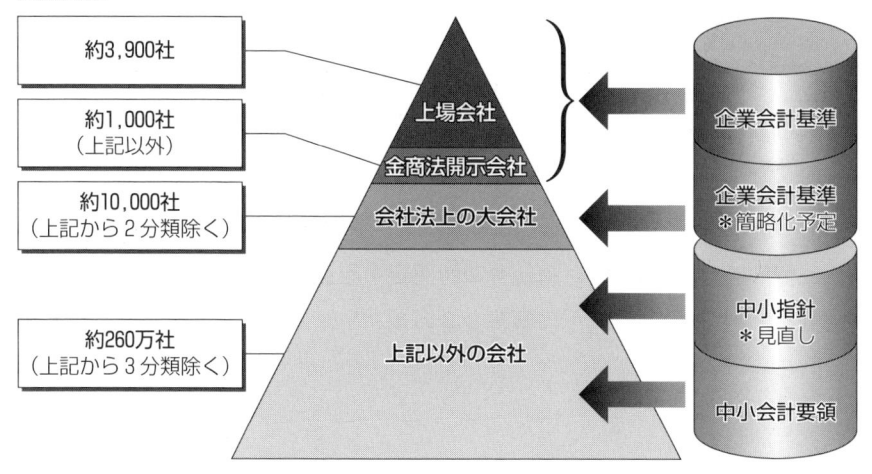

区分	会社区分	適用基準
約3,900社	上場会社	企業会計基準
約1,000社（上記以外）	金商法開示会社	企業会計基準＊簡略化予定
約10,000社（上記から2分類除く）	会社法上の大会社	中小指針＊見直し
約260万社（上記から3分類除く）	上記以外の会社	中小会計要領

【中小指針と中小会計要領は選択適用】
「同じ規模の会社でも、志の高い会社は中小指針に従っていく、うちはちょっと無理だという会社は新基準でもかまわないということだ」
（「中小企業の会計に関する研究会」江頭座長「税理」2011年1月号）

出所　経団連ほか「非上場会社の会計基準に関する懇談会報告書」（平成22年8月）をもとに加工

第3節 総論の分析

経営者に役立つ会計と財務会計の両面を中小会計要領は含むことが、総論において示されている。単に財務会計のルールではないことに、会計専門家は注意されたい。

1 目的

総論の冒頭に「目的」が掲げられている。そこにおいて、「中小企業の多様な実態に配慮し、その成長に資するため、中小企業が会社法上の計算書類等を作成する際に、参照するための会計処理や注記等を示すものである」と、中小会計要領の意義が端的に示されている。

ポイントは、"中小企業の成長に資するため"と、"会社法上の計算書類作成に必要な会計処理等を示すもの"の部分である。

現行の中小企業の会計実務は税務会計のルールに基づいているのが実態であるとされるが、これに対して、中小会計要領は中小企業における会社法会計のルールであると宣しているのである。

すなわち、中小企業の会計実務が、税務会計ルールから会社法会計ルールに転換されることが含意されていることに留意されたい。税務会計から会社法会計という点は、中小企業の会計に携わる経理担当者や会計専門家などにとって、いわばコペルニクス的な転換を迫られることではなかろうか。

そのうえで具体的な目的として次の4項目が掲げられている。実務上は、これら4つの考え方に対応することが求められる。

> - 経営者が活用しようと思えるよう、理解しやすく、経営状況の把握に役立つ会計
> - 利害関係者（金融機関、取引先、株主等）への情報提供に資する会計
> - 会計慣行を考慮し、会計と税制の調和を図り、会社計算規則に準拠した会計
> - 計算書類等の作成負担は最小限に留め、中小企業に過重な負担を課さない会計

　一般的に財務会計は、利害関係者への情報提供機能を第一と位置づけるものである。この点は、上場企業等のみならず中小企業においても、これまでは当然とされていた。中小指針はその典型であり、税務会計も税務当局への情報提供という、まさに外部への情報提供のための会計ルールである。

　だが、中小会計要領は、上述のように利害関係者への情報提供は第２位の目的である。

　その代わり最上位の目的として、「経営者が活用しようと思えるよう、理解しやすく、経営状況の把握に役立つ会計」が掲げられた。いわば外部への情報提供の上位概念として、内部への情報提供すなわち経営への役立ちが据えられたのである。中小会計要領の普及・活用とともに、この部分が真価を発揮すると期待される。

❷ 各論で示していない会計処理等の取扱い

　総論の５に掲げられているのが「各論で示していない会計処理等の取扱い」である。中小会計要領で示されていない会計処理が必要となった場合についての対応方法が示されている。

　そうした場合には、「企業の実態等に応じて、企業会計基準、中小指針、法人税法で定める処理のうち会計上適当と認められる処理、その他一般に公正妥当と認められる企業会計の慣行の中から選択して適用する」（中小会計要領Ⅰ５）取扱いとなる。

　その際、中小企業の場合には、まず中小指針において該当する会計処理等

がないか検討することになろう。中小指針は、中小企業における一般に公正妥当な企業会計の慣行であるとされているからである。

③ 適時の記帳

　総論の8の「記帳の重要性」において、すべての取引を正規の簿記の原則に従って記帳すること、適時に、整然かつ明瞭に、正確かつ網羅的に記帳すべきことが強調されている。

　会社法において、「適時に、正確な会計帳簿を作成しなければならない」（会432①）との明文の規定が置かれているが、「1年に1回税務申告時にまとめて記帳するというような……慣行を戒める」趣旨であると立法担当者は解説を加えている[10]。

　実務上は、これまで以上に月次決算等の比重が高まると予想される。具体的な対応が必要となろう。

　　*10　相沢哲編著『一問一答 新・会社法（初版）』（商事法務）153頁

④ 企業会計原則の確認

　総論の9「本要領の利用上の留意事項」及び4「複数ある会計処理方法の取扱い」、さらには8「記帳の重要性」において、企業会計原則の一般原則が分散して掲げられている（重要性の原則も含む。次頁図表参照）。

　そもそも会計の最も基本的な原則を掲げることで、中小企業の経営者はもちろん中小企業の会計に関わることが予想されるさまざまな関係者に対して、よって立つべき会計上の原点を確認する趣旨と解される。

　実務的には、会計専門家であるならば、経営者などと折に触れこの原則に立ち戻ることが想定される。

企業会計原則の位置

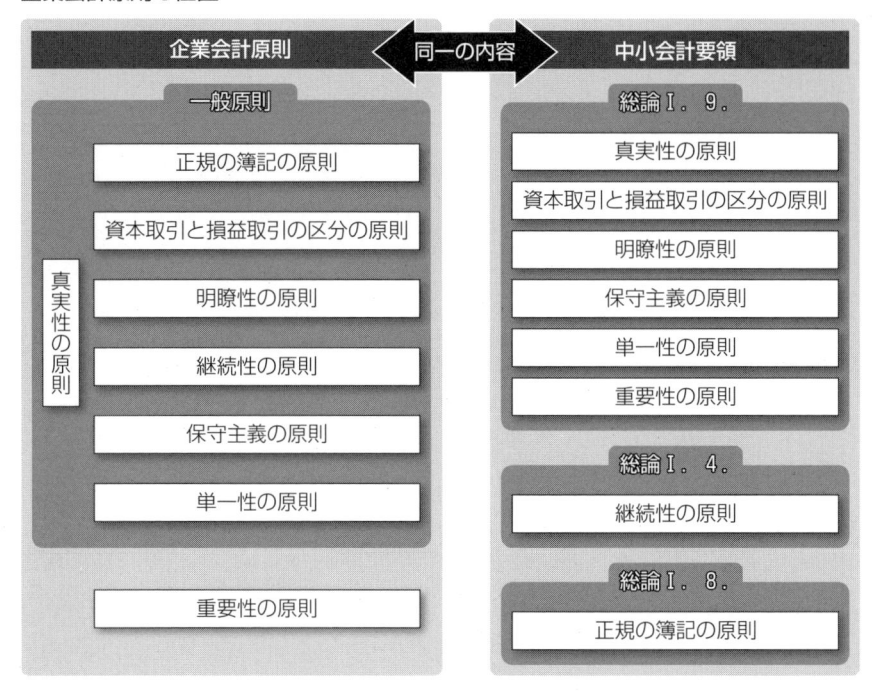

企業会計原則	←同一の内容→	中小会計要領

企業会計原則
- 一般原則（真実性の原則）
  - 正規の簿記の原則
  - 資本取引と損益取引の区分の原則
  - 明瞭性の原則
  - 継続性の原則
  - 保守主義の原則
  - 単一性の原則
- 重要性の原則

中小会計要領
- 総論Ⅰ.9.
  - 真実性の原則
  - 資本取引と損益取引の区分の原則
  - 明瞭性の原則
  - 保守主義の原則
  - 単一性の原則
  - 重要性の原則
- 総論Ⅰ.4.
  - 継続性の原則
- 総論Ⅰ.8.
  - 正規の簿記の原則

第 3 章

中小会計要領の「Ⅱ. 各論」におけるポイント

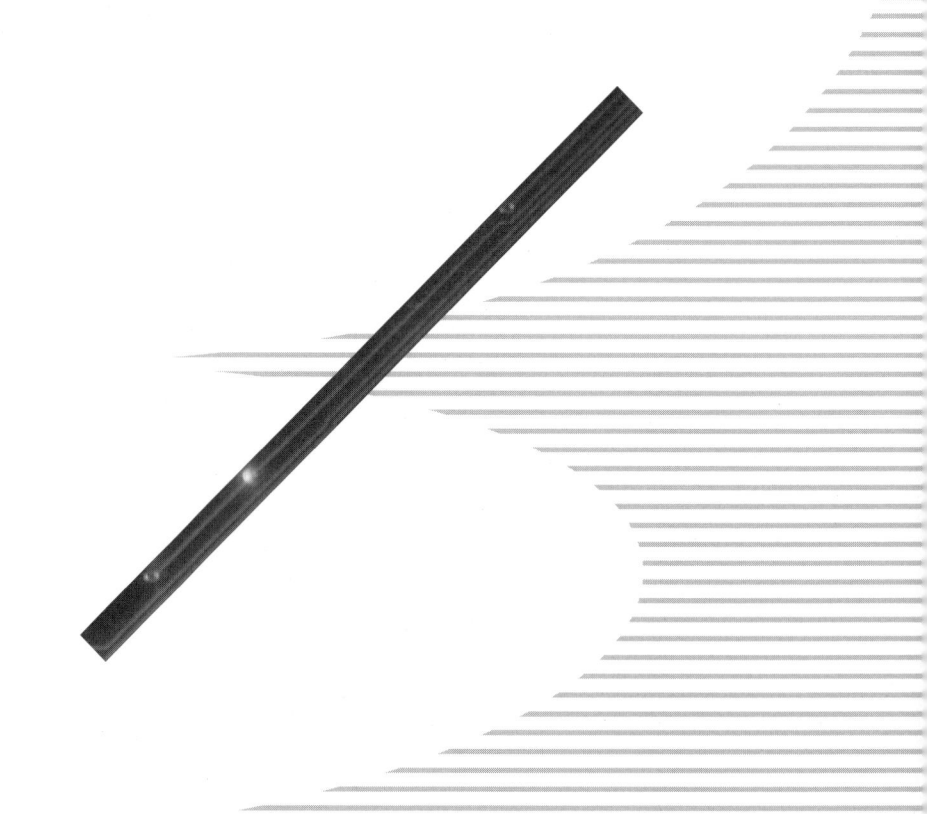

第1節 収益、費用の基本的な会計処理

中小会計要領 II 1

(1) 収益は、原則として、製品、商品の販売又はサービスの提供を行い、かつ、これに対する現金及び預金、売掛金、受取手形等を取得した時に計上する。
(2) 費用は、原則として、費用の発生原因となる取引が発生した時又はサービスの提供を受けた時に計上する。
(3) 収益とこれに関連する費用は、両者を対応させて期間損益を計算する。
(4) 収益及び費用は、原則として、総額で計上し、収益の項目と費用の項目とを直接に相殺することによってその全部又は一部を損益計算書から除去してはならない。

1 中小企業の会計実務のポイント

　企業の経営成績は、"営業活動の成果である収益"と"収益獲得のための努力である費用"との"差額である利益"によって把握される。経営成績は、適正な期間損益計算を通じて算出される。
　期間損益計算を適正に行うためには、収益と費用をどの時点で認識・測定して適正に期間帰属させるかが重要となる。
　実務的には、中小規模の企業における会計では、主に次の点が問題となる。

- 収益・費用の計上基準とは何か、どのように処理すべきか
- 収益・費用の対応原則とは何か、どのように処理すべきか
- 収益・費用の計上は、総額・純額のいずれで処理すべきか

❷ 収益の計上基準

　企業の経営成績は、適正な期間損益計算によって把握される。そのためには、どの時点で収益と費用を認識し測定するかが問題となる。

　企業会計では、会計情報の認識・測定を「計上」という。また、期間帰属を決定するための考え方を「計上基準」という。

　そこで、収益の期間帰属を決定するための考え方を"収益の計上基準"と表現することにしよう。この収益の計上基準には、実現主義・発生主義・現金主義がある。

1 実現主義が原則

　中小会計要領は、こうした計上基準のうち、実現主義を原則的な収益の計上基準として設定した（Ⅱ1(1)）。これは一般的な企業会計の慣行と同様であり、企業会計原則や中小指針も収益の計上基準として実現主義を採用している（企業会計原則第二 三B、中小指針72）。

　なお、中小指針は、収益の"計上"ではなく"認識"との表現を採用しているが、実務的には両者を同義だと解してよい。

2 実現主義の要件

　中小会計要領は、具体的に実現主義を適用する場合の要件として、次の2点を示している。すなわち、①売却時にものを相手に引渡すことと、②その対価を貨幣性資産で受け取ること、である。この点を中小会計要領に沿って確認しておこう。

⇒ 収益は、原則として、製品、商品の販売又はサービスの提供を行い、かつ、これに対する現金及び預金、売掛金、受取手形等を取得した時に計上する（Ⅱ1(1)）。

3 計上基準の例外

中小会計要領は、販売などの契約についての原則的な考え方を示しているにすぎない。しかし実務的には、次の3つの場合について会計処理等の方法が必要となることが多い。

- 実現主義を、実務レベルの基準にどのように具体化するか
- 特殊な販売契約の場合、どのような方法で収益を認識するか
- 工事契約等の場合、どのような方法で収益を認識するか

このような場合について、中小会計要領は特段の定めを置いていない。では実務的にはどのように取り扱うべきであろうか。

実務的には、まず中小指針に該当する会計処理等がないかを検討することになろう（次の「参考」を参照）。そこで、以下に中小指針の場合の関連する会計処理の記載を見てみよう。

> **参考　中小会計要領に記載がない場合**
>
> 必要な会計処理の方法が中小会計要領に示されていない場合は、「企業の実態等に応じて……一般に公正妥当と認められる企業会計の慣行の中から選択して適用する」（中小会計要領Ⅰ5）取扱いとなる。
>
> その際、中小企業の場合には、まず中小指針において該当する会計処理等がないか検討することになろう。中小指針は、中小企業における一般に公正妥当と認められる企業会計の慣行のひとつであるとされているからである。

(1) 実務レベルの基準

中小指針は、収益は商品等の販売や役務の給付に基づいて認識されるのであるから、各取引の実態に応じて販売の事実を認識する時点を選択すること

になるとする。具体的には、一般的な販売契約における収益認識基準として、出荷基準・引渡基準・検収基準等を示している（中小指針73）。

ここで出荷基準とは、製品・商品等を出荷した時点で収益認識するものである。また引渡基準とは、製品・商品等を得意先に引き渡した時点で収益認識するものである。さらに検収基準とは、得意先が製品等の検収をした時点で収益認識するものである。なお輸出を伴う場合には、船積基準・通関基準等に基づく（中小指針73(1)）。

(2) 特殊な販売契約

中小指針は、委託販売・試用販売・予約販売・割賦販売といった特殊な販売契約を掲げて、それぞれの収益認識の時点を示している（中小指針73(2)）。

(3) 工事契約の場合について

中小指針は、工事進捗部分の成果について確実性が認められるとの要件を満たすときには工事進行基準で収益を認識し、その要件を満たさないときには、工事完成基準で収益を認識するとしている。

なお、受注制作のソフトウェアの場合もこの工事契約の場合と同様であるとしている（中小指針73(3)）。

3 費用の計上基準

費用の期間帰属を決定するための考え方を、費用の計上基準という。費用の計上基準としては、一般的には発生主義・現金主義が挙げられる。

1 発生主義が原則

中小会計要領は、これらのうち発生主義を費用の計上基準の原則として設定した（Ⅱ1(2)）。これは一般的な企業会計の慣行と同様であり、企業会計原則や中小指針も費用の計上基準として発生主義を採用している（企業会計原則第二 一A、中小指針72）。

なお、中小指針は、収益の場合と同様に費用の"計上"ではなく"認識"

との表現を採用している。実務的には両者を同義だと解して問題はない。

2 発生主義の要件

中小会計要領は、具体的に発生主義を適用する場合、現金や預金の支出が行われたどうかを問わず、費用の発生時にその計上を行うとしている。中小会計要領に沿って確認すると、次のようになる。

⇒ 費用については、現金及び預金の支払いではなく、費用の発生原因となる取引が発生した時またはサービスの提供を受けた時に認識するのが原則的な考え方です（Ⅱ1【解説】）。

ここでのポイントは、次の3点である。
- 現金や預金の支払いが行われたか否かを問わない
- 費用の発生原因となる取引が発生した時に、費用を計上する
- 費用の発生源となるサービスを受けた時に、費用を計上する

なお、中小会計要領は「現金及び預金の支払いではなく」と解説しているが、この表現は、現金や預金の支払時点で費用を計上するいわゆる現金基準を否定する趣旨ではなく、費用の発生時点で計上する説明の一環で用いられたものである。実務的には、簡便な現金基準で費用をいったん計上したうえで、その後に発生主義の要件に照らして必要な加減調整を行い、結果として発生主義の原則に基づく適正な期間計算が行われるようにすることが広く行われているところである。

❹ 収益・費用の対応

すでに見たように、収益とは営業活動の成果であり、費用とは収益獲得のための努力である。したがってその差額である利益は、成果と努力の差額と捉えることができる。成果と努力の対応関係を前提にして期間損益計算を行

うべきとの考え方を、「費用収益の対応原則」という。

中小会計要領は、期間損益計算の方法として、収益と費用を対応させる"費用収益の対応原則"を採用した（Ⅱ1(3)）。

これは一般的な企業会計の慣行と同様であり、企業会計原則や中小指針も期間損益計算の方法として費用収益の対応原則を採用している（企業会計原則第二 一、中小指針72）。

5 総額主義の原則

損益計算書における収益と費用の計上について、収益の項目と費用の項目とを直接に相殺することが行われると、収益・費用の全部または一部が損益計算から除去されることになる。

> **参考　企業会計原則の総額主義**
>
> 　企業会計原則は、次のように総額主義の原則によることを求めている。会計のオーソドックスな規定ぶりである。
> 　「費用及び収益は、総額によって記載することを原則とし、費用の項目と収益の項目とを直接に相殺することによってその全部又は一部を損益計算書から除去してはならない」（企業会計原則第二 一B）。

そこで中小会計要領は、損益計算書の作成にあたって総額主義の原則によることを求めている。

なお、中小指針は、総額主義の原則について特段の定めは置いていない。

第2節 資産、負債の基本的な会計処理

> **中小会計要領Ⅱ2**
> (1) 資産は、原則として、取得価額で計上する。
> (2) 負債のうち、債務は、原則として、債務額で計上する。

❶ 中小企業の会計実務のポイント

　企業の財政状態は、ある一定時点におけるすべての資産・負債・純資産を記載することによって把握される。そうすることで、企業のある一定時点における「資金調達の源泉」と「資金の運用形態」がどのような状況かを示すことができる。

　そこで、適正な財政状態把握のために、資産と負債について、どのような項目に分類し、そのうえでどのような計上基準を設定し適用するかが、実務上の重要なポイントとなる。実務的には、中小規模の企業における会計では主に次の点が取り上げられる。

- 資産の計上基準とは何か、どのように処理すべきか
- 負債の計上基準とは何か、どのように処理すべきか

2 資産

1 資産の分類

資産の分類には、流動・固定分類と貨幣・非貨幣分類の2つの考え方がある。

中小会計要領は、原則的に流動・固定分類を採用している。この点は、各論では記されていないが、同様式集の【記載上の注意】で示されている。企業会計原則や中小指針も同様に流動・固定分類を採用している（企業会計原則第三、中小指針87）。

流動・固定分類は、換金能力と弁済能力を測るために役立つ分類である。流動・固定分類に基づく流動性配列法によって、企業の弁済能力などが容易に判断できるのである。

なお、貨幣・非貨幣分類は、資産の評価に関わる分類であり、資産の計上基準と対応する分類である。

2 資産の計上基準

資産の計上基準としては、一般的に取得原価主義や時価主義などが取り上げられる。中小会計要領は、取得原価主義を資産の計上基準の原則として設定している（Ⅱ2(1)）。

このように、資産の各項目について横断的に取得原価主義を採用した中小会計要領に比べ、中小指針は資産に関する一般的な計上基準を特に記載せず、各項目において具体的な計上基準を示す方法を採用している。

会社法も「資産については……会計帳簿にその取得価額を付さなければならない」（会計規5①）と定め、旧商法の規定ぶりと異なり、資産全体について横断的に"取得原価を付すこと"を原則とするとしている。

3 時価の変動

中小会計要領は、資産の計上基準として取得原価主義を採用しているので、たとえ資産の取得後に時価の変動が生じたとしても、原則的には会計帳

簿に反映されないとの立場を採用している。この点を、中小会計要領に沿って確認しておこう。

⇒　資産を取得するために要した金額を基礎として、貸借対照表に計上します（一般に「取得原価主義」といいます）。したがって、取得した後の時価の変動は、原則として、会計帳簿に反映されません（Ⅱ2【解説】）。

> **参考　時価等を容認する立場**
>
> 　会社計算規則は中小会計要領と同様に、資産について取得価額を付さなければならないと定めているが、同時に例外として時価等を付すことを容認する定めも設けている（会計規5⑥）。
>
> 　これを受けて中小指針も、時価を付すことを容認する定めを設けている。たとえば金銭債権について、「市場価格のある金銭債権については、時価又は適正な価格をもって貸借対照表価額とし、評価差額は、当期の損益として処理することができる」（中小指針13）としている。

❸ 負　債

1　負債の分類

　負債の分類には、流動・固定分類と属性別分類の2つの考え方がある。

　中小会計要領は原則的に流動・固定分類を採用している。この点について、資産と同様に各論では記されていないが、同様式集の【記載上の注意】で示されている。企業会計原則や中小指針も同様である（企業会計原則第三、中小指針87）。

　流動・固定分類は、換金能力と弁済能力を測るために役立つ分類である。貸借対照表における負債の配列について、流動・固定分類に基づく流動性配列法によることが求められているので、その結果、貸借対照表によって企業の弁済能力などが容易に判断できるのである。

　なお、属性別分類は、負債の評価に関わる分類であるので、負債の計上基準と対応するものである。

2 負債の属性別分類

負債とは企業が負う債務である。債務とは、債務者が債権者に対して負う義務または責任である。このような負債は、法律や契約によって法的に強制される負債（法的債務）と、会計上の負債に分類することができる。

法的債務には、金銭債務などの確定債務と、条件付債務が含まれる。また会計上の負債は、法的債務性を有していないが期間損益計算を適正に行うためなどの見地から計上されるもので、引当金やリース債務などが該当する。

こうした負債が有する属性に応じて、次に述べるように、負債の計上基準が対応する。

3 負債の計上基準

中小会計要領は、負債のうち債務について、債務額を計上基準の原則として設定した（Ⅱ2(2)）。

中小会計要領は、負債のうち債務以外の計上基準については、各論で特に触れていないが、その代わりに、負債の各項目において計上基準を示している。リース取引や引当金などの項目を参照されたい。

なお、中小指針は、負債に関する一般的な計上基準を特に記載せず、各項目において具体的な計上基準を示す方法を採用している。

❹ 取得価額と取得原価

中小会計要領は、取得価額と取得原価について、基本的に区別する考え方を採用しているので留意されたい。以下で、中小会計要領の解説に沿って確認をしておこう。まず「取得価額」を、取得または製造のために要した金額と定義している。

⇒ 取得価額とは「資産の取得又は製造のために要した金額のこと」で、「例えば、購入品であれば、購入金額に付随費用を加えた金額をいいます」（Ⅱ2【解説】）。

これに対して「取得原価」は、取得価額を費用配分した後の金額であると定義している。
　⇒　取得原価とは「取得価額を基礎として、適切に費用配分した後の金額のこと」で、「例えば、棚卸資産であれば、総平均法等により費用配分した後の金額をいいます」（同上）。

第3節 金銭債権及び金銭債務

中小会計要領Ⅱ3

(1) 金銭債権は、原則として、取得価額で計上する。
(2) 金銭債務は、原則として、債務額で計上する。
(3) 受取手形割引額及び受取手形裏書譲渡額は、貸借対照表の注記とする。

❶ 中小企業の会計実務のポイント

　金銭債権とは、一般的には金銭の給付を受ける権利を示す概念である。だが会計的には、将来において現金として回収される債権を金銭債権と位置づけている。

　金銭債務も、一般的には金銭の支払いを目的とする債務を示す概念である。しかし会計的には、将来において現金支出をもって弁済する債務をいう。

　実務的には、中小規模の企業における会計では、主に次の点が取り上げられる。

◆ 金銭債権について
- 金銭債権とは何か
- 金銭債権をどのように計上すべきか
- 取得価額と債権金額が異なる場合、どのように処理・表示すべきか
- 債権の譲渡について、どのように処理・表示すべきか
- 貸借対照表の表示をどのようにすべきか

◆ 金銭債務について
  ● 金銭債務とは何か
  ● 金銭債務をどのように計上すべきか
  ● 発行価額と債務額が異なる場合、どのように処理・表示すべきか
  ● 貸借対照表の表示をどのようにすべきか

❷ 金銭債権の会計処理

1 金銭債権の概念

　金銭債権とは何かについて、中小会計要領は具体的な定めを置いていない。そうした場合、実務的には中小指針の定めをまず検討することになる（Ⅰ5）が、中小指針は「金銭債権とは、金銭の給付を目的とする債権」（中小指針10）であると定義している。

2 金銭債権の範囲

　では金銭債権とは、具体的にはどのような債権を指すのであろうか。中小会計要領は、金銭債権として「受取手形、売掛金、貸付金等」を例示しているだけである。
　そこで、受取手形・売掛金・貸付金以外の科目については、金銭債権の定義に立ち返えって判断することが必要となる。その結果、金銭の給付を目的とする債権であると判断されれば、金銭債権に関する中小会計要領のルールが適用されることになる。
　なお中小指針は、金銭債権について「預金、受取手形、売掛金、貸付金等を含む」（中小指針10）と明記しているので、預金には金銭債権に関する中小会計要領のルールが適用される。

> **コラム　前渡金は金銭債権か**
>
> 前渡金や前払金は金銭債権ではないとする考え方がある。これらは、原材料や製品・商品などの提供を受けることを目的とする債権であり、金銭の給付を目的とする債権ではないことを根拠としている。だが実務的には、確定した解釈であるとは必ずしもいえない。

3　金銭債権の分類

金銭債権は、①企業の主目的である営業取引において発生した営業上の債権（売上債権ともいう）と、②それ以外の債権（その他の債権ともいう）とに分類される。

営業上の債権には、受取手形、売掛金などが含まれる。また営業上の債権以外の債権には、貸付金、未収金、立替金、営業外受取手形、不渡手形、前払金、前渡金などが含まれる。

4　金銭債権の計上基準

中小会計要領は、取得価額を金銭債権の計上基準の原則として設定した（Ⅱ3⑴）。これは一般的な企業会計の慣行と同様である。中小指針も、金銭債権には取得価額を付すと定めている（中小指針11）。

なお会社法も、「資産については……会計帳簿にその取得価額を付さなければならない」（会計規5①）と横断的に定めているところである。

> **コラム　会計帳簿の評価と貸借対照表の評価の関係**
>
> 会社法における「取得価額を付さなければならない」との定めは、厳密には「会計帳簿」に「その取得価額を付さなければならない」ことを定めたものであり、必ずしも貸借対照表における資産評価の規定ではない。しかし、会計

帳簿と計算書類等の関係については、「計算書類及びその附属明細書は……会計帳簿に基づき作成しなければならない」（計算規則59条3項）旨が規定されていることによって埋められている（江頭憲治郎・弥永真生編『会社法コンメンタール（第10巻 計算等〔1〕）』（2011年、商事法務）66頁）と解される。そのため、貸借対照表の評価と表示において、資産には取得原価を付すのが原則とされているのである。

なお、会計では、会計帳簿への計上と貸借対照表の表示が同じものであることを前提に説明がなされる場合と、貸借対照表の表示だけを問題にする場合があるので、文脈を読み取って対応しなければならない。

5 取得価額と債権金額が異なる場合

中小企業の実務では一般的でないが、社債を額面金額未満で購入する場合のように、金銭債権をその債権金額（額面金額）と異なる価額で取得する場合がある。このような場合にどのように処理すべきであろうか。

中小会計要領によれば、こうした場合にも取得価額で計上するのが原則的な処理である（Ⅱ3(1)）。その場合には、債権の決済時点で、債権金額（額面金額）と取得価額の差額をその期の損益として処理することになる。

(1) 按分処理を容認

だが中小会計要領は、金銭債権の取得価額と債権金額が異なる場合には、原則的な処理によらず決算時に額面金額と取得価額との差額を按分処理する例外処理ができるとしている（Ⅱ3【解説】）。

⇒ 社債を額面金額未満で購入する場合には、決算において、額面金額と取得価額との差額を購入から償還までの期間で按分して受取利息として計上するとともに、貸借対照表の金額を増額させることができます。

この点について、強行規定である会社計算規則も同様に、取得価額と債権金額の差額を按分処理することを容認している（会計規5⑤）。

⇒ 債権については、その取得価額が債権金額と異なる場合その他相当の理由がある場合には、適正な価格を付すことができる。

したがって、中小会計要領の按分処理容認規定は、会社法に則った定めとなっている。

> **コラム　中小指針と中小会計要領は異なるのか**
>
> 　企業会計では、取得価額と債権金額が異なる場合、一定の条件に合致すれば按分処理（償却原価法）が義務づけられている（中小指針12、金融商品会計基準16）。これに反して中小会計要領は、按分処理を義務ではなく容認すると定めた。この定めは会社法の定めと同様であった。
>
> 　その背景には、簡便な処理が適当と考えられる中小企業の実態に即した会計処理を目指す中小会計要領の達成目標（Ⅰ1）を念頭において、強行規定である会社法には反しないルールづくりへのチャレンジがあったのではなかろうか。
>
> 　なお、一定の条件とは、金利の調整と認められるかどうかであるが、中小会計要領はそうでない場合にも按分処理を許すことになるのではなかろうか。

(2) 按分処理を強制する立場（参考）

　金銭債権の取得価額と債権金額が異なる場合、上で述べたように中小会計要領は按分処理を容認している。これに対して中小指針は、取得価額と債権金額の差額が金利を調整したものである場合には、按分処理によらなければならないとしている（中小指針12）。

⇒ 債権の支払日までの金利を反映して債権金額と異なる価額で債権を取得したときは、償却原価法に基づいて算定された価額をもって貸借対照表価額とする（中小指針12）。

ここで償却原価法とは、次のような方法である。

- 金融資産を債権額と異なる金額で計上した場合に、当該差額に相当する金額を弁済期に至るまで毎期一定の方法で取得価額に加減する方法（中小指針12）

　法人税法も同様に、取得原価と債権金額の差額が金利の調整と認められるときは、償却原価法によることを求めている（法基通2-1-34）。
　ところで、取得価額と債権金額との差額に重要性が乏しい場合には、償却原価法による按分処理ではなく、決済時点において差額を損益として認識することもできると中小指針は定めている（中小指針12）。重要性が乏しい場合には、簡便的な処理も認めようとするものである。
(3) 適用範囲について
　中小会計要領は経営者が理解しやすいことを念頭に置いて、社債を額面金額未満で取得した場合についてだけ例示している。しかし対象となる金銭債権は、社債だけに限られるものではないし、また取得価額が債権金額（額面金額）より低い場合だけに限られるものでもない。
　たとえば、利付債権などを額面金額より高い価額で取得するケース、手形を手形額面より割引して低い価額で取得するケース、債権譲渡の際に債権金額より低い価額で取得するケースなどが考えられる。
　このような場合にも、実務的には、企業の実態等に応じて、中小会計要領に定める取得原価あるいは按分処理によることになろう。

参考　償却原価法の計算方法

　中小会計要領や中小指針は、償却原価法の具体的な按分処理方法について特に定めていないが、実務的には、利息法と定額法（直線法）が存在する。
　法人税法は、利息法と定額法について以下のように規定し、選択可能となっている。

- 利息法とは、調整差額を元本額の残高に対する利回りが一定となるように

支払期日までの各期間に配分する方法をいう（法基通2-1-34(注)4）。
- 定額法とは、調整差額を支払期日までの各期間の日数等に応じて当該各期間に均等に配分する方法をいう（法基通2-1-34(注)4）。

6 受取手形に関する注記

　受取手形を金融機関等で割り引いたり、あるいは裏書きをして取引先に譲渡した場合、決算時には受取手形の現物は当然ながら手許には存在しない。このような場合、どのように処理すべきかが問題となる。

(1) 注記が原則

　中小会計要領は、受取手形割引額及び受取手形裏書譲渡額は貸借対照表の注記とすると規定している（Ⅱ3(3)）。その理由は、経営者や金融機関が企業の資金繰状況を見るうえで受取手形の割引額や裏書譲渡額の情報は重要であるため、注記を求めるのだとしている。ここで、金融機関だけでなく経営者に対しても資金繰情報を提供することの重要性を指摘していることに注目されたい。

　金融機関等で割り引いた手形や裏書きをして取引先に譲渡した手形が不渡りとなった場合には、裏書人は手形の譲受人に対して手形代金と不渡りに伴う諸費用を負担するリスクがある。そこで、決算時に存在する受取手形割引額の残高と受取手形裏書譲渡額の残高について、注記表にリスク情報を記載することが求められているのである（Ⅱ14、Ⅲ「個別注記表」）。

コラム 中小指針より厳しい開示

　中小指針は、手形の割引・裏書・金銭債権の買取りは、金銭債権の譲渡に該当するので、手形割引時には手形譲渡損が計上されると定めている（中小指針14）。

　なお、中小指針は、受取手形割引額や受取手形譲渡額について注記することが望ましいと遠慮がちに指摘している（中小指針15(4)）。だが中小会計要領は、より厳しく、注記を義務づけていることに留意されたい。

（2）割引・裏書の会計処理

　手形の割引や裏書譲渡に関する会計処理としては、手形の割引・裏書時に手形を減少する処理を行い、割引料については手形譲渡損として処理することになる。そのうえで決算時に受取手形割引額・受取手形裏書譲渡額を注記表に記載することになる。

　従来は、手形の割引料は金利と考えられていた。だが、金融商品会計基準の登場によって、金融資産の消滅の要件が示され、手形の割引はそれに該当するため、支払利息から譲渡損に会計処理が変更になっているので、注意が必要である。

7 金銭債権の譲渡

　金銭債権の譲渡について、中小会計要領は直接の規定を置いていない。すでに述べたように、金銭債権の典型例である手形について、その割引や裏書譲渡についての規定が置かれているにすぎない。中小指針も同様である。

　しかし金銭債権の譲渡は手形の割引や裏書だけに限られるものではなく、金融機関等による金銭債権の買取りなどを含む幅広い概念である。債権流動化などの資金調達方法も多様化してきているので、たとえば売上債権の譲渡などが生じた場合には、手形の割引・裏書に準じた処理を検討する必要があろう。

参考　法人税法の譲渡損益処理

　法人税法は、金銭債権より広い概念の金融資産について、譲渡損益の処理を認めている。

- 法人が金融資産……の売却等の契約をした場合において、当該契約により当該金融資産に係る権利の支配が他の者に移転したときは、当該金融資産の売却等による消滅を認識するのであるから、原則として、次に掲げる要件のすべてを満たしているときは、当該売却等に伴い収受する金銭等の額又は当該売却等の直前の当該金融資産の帳簿価額は、当該事業年度の益金の額又は損金の額に算入する（法基通2-1-44）

8 貸借対照表上の表示

　金銭債権の貸借対照表上の表示について、中小会計要領は、手形割引等の注記に関する定め以外は特に触れていない。その代わりに、様式集において具体的な項目等を示して誘導する方法を採用している（Ⅲ「個別注記表」）。

　様式集の記載内容を理解するためには、中小指針の定めを理解することが役立つ。そこで、以下に中小指針の金銭債権に関する貸借対照表の表示についての規定を掲げる。

> **参考　中小指針の金銭債権に関する定め**
>
> (1) 営業上の債権
> 　　受取手形（通常の取引（当該会社の事業目的のための営業活動において、経常的に又は短期間に循環して発生する取引をいう）に基づいて発生した手形債権）及び売掛金（通常の取引に基づいて発生した事業上の未収金）は、流動資産の部に表示する。ただし、これらの金銭債権のうち破産債権、再生債権、更生債権その他これらに準ずる債権で事業年度の末日の翌日から起算して1年以内に弁済を受けることができないことが明らかなものは、投資その他の資産の部に表示する。
> (2) 営業上の債権以外の債権
> 　　営業上の債権以外の債権であって、事業年度の末日の翌日から起算して1年以内に現金化できると認められるものは、流動資産の部に表示する。それ以外のものは、投資その他の資産の部に表示する。
> (3) 関係会社に対する金銭債権
> 　　関係会社に対する金銭債権は、次のいずれかの方法により表示する。
> 　① その金銭債権が属する項目ごとに、他の金銭債権と区分して表示する。
> 　② その金銭債権が属する項目ごとに、または2以上の項目について一括して、注記する。
> (4) 受取手形割引額等
> 　　受取手形割引額及び受取手形譲渡額は、注記を要求されない場合においても、それぞれ注記することが望ましい。

❸ 金銭債務の会計処理

1 金銭債務の概念

　金銭債務とは何かについて、中小会計要領は金銭債権と同様に具体的な定めを置いていない。そうした場合、実務的には中小指針の定めをまず検討することになる（Ⅰ5）が、中小指針は「金銭債務とは、金銭の支払を目的とする債務」（中小指針44）であると定義している。

2 金銭債務の範囲

　では金銭債務とは、具体的にはどのような債務を指すのであろうか。中小会計要領は、金銭債務として「支払手形、買掛金、借入金等」を例示しているだけである。
　そこで支払手形・買掛金・借入金以外の科目については、金銭債務の定義に立ち返って判断をすることが必要となる。その結果、金銭の支払いを目的とする債務であると判断されれば、金銭債務に関する中小会計要領のルールが適用されることになる。
　なお、中小指針は、金銭債務について「支払手形、買掛金、借入金、社債（私募債を含む。）等を含む」（中小指針44）と明記している。
　負債の計上については、網羅性と評価の妥当性が重要なポイントであるが、中小指針は金銭債務について、「網羅的に計上する」（同上）ことを強調している。計上漏れのないよう、注意しなければならない。

3 金銭債務の分類

　金銭債務は、①企業の主目的である営業取引において発生した営業上の債務（仕入債務ともいう）と、②営業上の債務以外の債務（その他の債務ともいう）とに分類される。この関係は、金銭債権の場合と同様である。
　営業上の債務には、支払手形、買掛金などが含まれる。また営業上の債務以外の債務には、社債、借入金、未払金、預り金、前受金などが含まれる。

4 金銭債務の計上基準

　中小会計要領は、債務額を金銭債務の計上基準の原則として設定した（Ⅱ3(2)）。これは一般的な企業会計の慣行と同様である。中小指針も金銭債務には債務額を付さなければならないと明示している（中小指針45）。

　なお、会社法も「負債については……会計帳簿に債務額を付さなければならない」（会計規6①）と横断的に定めている。

5 発行価額と債務額が異なる場合

　金銭債務である社債を発行する場合、額面金額未満あるいは額面金額以上で発行する場合がある。社債の債務額（額面金額）に対して払込みを受ける額（発行価額）が異なるケースである。

　このような場合にどのように処理すべきであろうか。

　中小会計要領によれば、こうした場合であっても債務額である額面金額で計上するのが原則的な処理とされている（Ⅱ3(2)）。その場合には、社債の償還時点で、債務額（額面金額）と発行価額の差額をその期の損益として処理することになる。

（1）按分処理を容認

　だが中小会計要領は、社債を額面金額と異なる金額で発行する場合、債務額（額面金額）によらずに発行価額を付す例外処理も、次のように容認している（Ⅱ3【解説】）。

　⇒　社債を額面金額未満で発行する場合、額面金額（債務額）と発行額が異なることとなります。この場合は、発行時に発行額で貸借対照表の負債に計上し、決算において、額面金額と発行額との差額を発行から償還までの期間で按分して支払利息として計上するとともに、貸借対照表の金額を増額させることができます。

　この点については、強行規定である会社計算規則も同様に、発行価額と債務額の差額を按分処理することを容認する定めを置いている（会計規6②二）。

⇒ 「払込みを受けた金額が債務額と異なる社債」については、「適正な価格を付すことができる」。

こうした按分処理の方法は、金銭債権でも触れたように、償却原価法と呼ばれている。

(2) 按分処理を強制する立場（参考）

発行価額と債務額が異なる場合、すでに述べたように中小会計要領は按分処理を容認している。これに対して中小指針は、発行価額と債務額が異なる社債は償却原価法に基づくとしている（中小指針45）。

⇒ 払込みを受けた金額が債務額と異なる社債は、償却原価法に基づいて算定された価額をもって貸借対照表価額とする。

償却原価法については、金銭債権の該当箇所を参照されたい。なお、法人税法も、償却原価法によることを求めている。

参考　法人税法における償却原価法

法人税法が定める償却原価法の処理は次のとおり。

「内国法人が社債の発行その他の事由により金銭債務に係る債務者となった場合……において、当該金銭債務に係る収入額がその債務額を超え、又はその収入額がその債務額に満たないときは、当該債務者となった日の属する事業年度からその償還の日の属する事業年度までの各事業年度の所得の金額の計算上、その超える部分の金額又はその満たない部分の金額を当該金銭債務の償還期間……の月数で除し、これに当該事業年度の月数……を乗じて計算した金額……を、益金の額又は損金の額に算入する。」（法令136の2）

---

(3) 適用範囲について

中小会計要領は経営者が理解しやすいことを念頭に置いて、金銭債務である社債を発行する場合に、額面金額未満で発行する割引発行の場合についてのみ例示的に掲げている。だが、社債の発行は、額面金額未満の発行だけに

限られるものではない。平価発行も打歩(うちぶ)発行もありうる。

　このような場合にも、実務的には、企業の実態等に応じて、中小会計要領に定める債務額あるいは按分処理によることになろう。

> **参考　債務額と発行額の関係**
> - 社債の発行には、平価発行・割引発行・打歩発行の３つの方法がある。
> - 平価発行は債務額＝発行額の場合をいう。
> - 割引発行は債務額＞発行額の場合をいう。
> - 打歩発行は債務額＜発行額の場合をいう。

6　貸借対照表上の表示

　金銭債務の貸借対照表上の表示について、中小会計要領は特に触れていない。その代わり、同様式集において、具体的な項目等を示して誘導する方法を採用している。様式集の記載内容を理解するためには、中小指針の定めを理解することが便宜であるので、以下に中小指針の金銭債務に関する貸借対照表の表示についての規定を掲げる。

> **参考　中小指針の金銭債務に関する定め**
> (1)　営業上の債務
> 　　　買掛金、支払手形その他営業取引によって生じた金銭債務は、流動負債の部に表示する。
> (2)　営業上の債務以外の債務
> 　　　借入金その他(1)の金銭債務以外の金銭債務で、事業年度の末日の翌日から起算して１年以内に支払いまたは返済されると認められるものは、流動負債の部に表示する。
> (3)　関係会社に対する金銭債務
> 　　　関係会社に対する金銭債務は、次のいずれかの方法により表示する。
> 　　① その金銭債務が属する項目ごとに、他の金銭債務と区分して表示する。

② その金銭債務が属する項目ごとに、または2以上の項目について一括して、注記する。
(4) その他の債務
　上記(1)及び(2)以外の金銭債務は、固定負債の部に表示する。

第4節 貸倒損失、貸倒引当金

中小会計要領Ⅱ4

(1) 倒産手続き等により債権が法的に消滅したときは、その金額を貸倒損失として計上する。
(2) 債務者の資産状況、支払能力等からみて回収不能な債権については、その回収不能額を貸倒損失として計上する。
(3) 債務者の資産状況、支払能力等からみて回収不能のおそれのある債権については、その回収不能見込額を貸倒引当金として計上する。

❶ 中小企業の会計実務のポイント

　金銭債権は、取引先の倒産手続等によって回収できないことがある。こうした債権が回収不能であることが確実な場合に債権金額から控除しないと、適正な財政状態を明らかにすることはできないし、適正な経営成績を明らかにすることもできない。

　また取引先の資産状況などから見て、回収不能が確実ではないがそのおそれのある金銭債権が存在する場合がある。こうした回収不能見込額を控除して回収可能額を明らかにしないと、適正な財政状態と経営成績が把握できないことになる。

　こうした貸倒損失や貸倒引当金を認識・測定し報告することは、健全な経営活動のために極めて重要である。

実務的には、中小規模の企業における会計では、主に次の点が取り上げられる。

貸倒損失について、
- 貸倒損失とは何か、貸倒見積額をどのように算定すべきか
- 貸倒引当金とは何か、回収不能見込額をどのように算定すべきか
- 貸借対照表や損益計算書の表示をどのようにすべきか

2 貸倒損失

1 貸倒損失の概念

　法的に債権が消滅した場合あるいは回収不能な債権が見込まれる場合には、当該債権は回収できないことが確実であると考えられるので、会計的にはその金額を債権額から直接減額しかつ費用に計上する必要がある。

　中小会計要領は、こうした貸倒損失について、①債権が法的に消滅した場合、②債権が回収不能と見込まれる場合の2つのケースについて、その金額を債権の計上額から控除するとともに貸倒損失として費用に計上する必要があると定めている（Ⅱ4【解説】）。中小指針の場合も同様である。

2 法的に債権が消滅した場合

　中小会計要領は、法的に債権が消滅した場合にはその金額を貸倒損失として計上する必要があると定めている（Ⅱ4(1)）。これは一般的な企業会計の慣行と同様である。

（1）具体的なケース

　ここでいう法的に債権が消滅した場合として、中小会計要領は次の2つのケースを示している（Ⅱ4【解説】）。
- 顧客や貸付先の倒産手続等によって、債権が法的に消滅したとき
- 債務の免除によって、債権が法的に消滅したとき

中小会計要領が掲げる上記のケースとは、具体的にはどのような場合であろうか。そのためには、中小企業が拠ることが望ましいとされる中小指針の定めを理解することが役に立つ。以下に、中小指針の法的に債権が消滅した場合の説明を掲げる（中小指針17(1)）。

① 会社更生法による更生計画の認可が決定されたことにより、債権の一部が切り捨てられることとなった場合
② 民事再生法による再生計画の認可が決定されたことにより、債権の一部が切り捨てられることとなった場合
③ その他

(2) 会計処理

中小会計要領は、債権が法的に消滅したときには、その消滅した金額を債権の計上額から直接減額するとともに、貸倒損失として費用に計上する必要があると定めている（Ⅱ4【解説】）。

- 消滅した金額を債権の計上額から直接減額する
- 貸倒損失として費用に計上する

3 回収不能な債権がある場合

中小会計要領は、回収不能な債権がある場合にはその回収不能額を貸倒損失として計上する必要があると定めている（Ⅱ4(2)）。これも一般的な企業会計の慣行と異なるものではない。

(1) 具体的なケース

ここでいう回収不能な債権がある場合として、中小会計要領は次のケースを示している（Ⅱ4【解説】）。

- 法的に債権が消滅していないが、その債務者の資産状況や支払能力等から見て、回収不能と見込まれる債権

中小会計要領が掲げる上記のケースとは、具体的にはどのような場合であ

ろうか。中小会計要領は、たとえば債務者が相当期間債務超過の状態にあり、弁済することができないことが明らかである場合等が考えられる、と解説をしている（Ⅱ4【解説】）。

なお、中小指針は、回収不能な債権がある場合について、「債務者の財政状態及び支払能力から見て債権の全額が回収できないことが明らかである場合をいう」（中小指針17⑴）としている。

ここで、中小会計要領の「資産状況や支払能力等からみて、回収不能と見込まれる」という規定と、中小指針の「財政状態及び支払能力から見て債権の全額が回収できないことが明らか」との規定には少々違いがあることに留意されたい。中小指針に比べ中小会計要領のほうがやや幅が広いケースを想定していることが読み取れよう。

(2) 会計処理

中小会計要領は、債権が回収不能と見込まれる場合には、その金額を債権の計上額から直接減額するとともに、貸倒損失として費用に計上する必要があると定めている（Ⅱ4【解説】）。

- 回収不能見込額を債権の計上額から直接減額する
- 貸倒損失として費用に計上する

4 損益計算書上の表示

貸倒損失を計上する場合の損益計算書における表示について、中小会計要領では特段の定めを置いていない。中小会計要領に記載がない場合には、実務的には中小指針の定めをまず検討することになる（Ⅰ5）。

中小指針は、次のように貸倒損失の損益計算書における表示について定めている（中小指針17⑵）。

- 営業上の取引に基づいて発生した債権に対するもの……販売費
- 臨時かつ巨額のもの……………………………………特別損失
- 上記以外のもの…………………………………………営業外費用

そこで中小会計要領に基づく場合であっても、上記の中小企業の定めを選択して適用することになる（Ⅰ5）。

3 貸倒引当金

1 貸倒引当金の概念

債権について、回収不能のおそれがある場合には、その回収不能見込額を貸倒引当金として計上する必要がある。回収不能のおそれのある債権の回収不能見込額を明示し、さらに当該債権の貸借対照表価額を明らかにするために設けられるのが、貸倒引当金勘定である。

中小会計要領は、貸倒引当金について、回収不能のおそれのある債権については、回収不能と見込まれる金額で貸倒引当金を計上するとともに、貸倒引当金繰入額を費用として計上する必要があると定めている（Ⅱ4【解説】）。中小指針の場合もほぼ同様である。

2 貸倒引当金の計上

中小会計要領は、債権が回収不能のおそれがある場合、回収不能見込額を貸倒引当金として計上すると定めている（Ⅱ4(3)）。これは、一般的な企業会計の慣行と同様である。

会社法も、「取立不能のおそれのある債権については、事業年度の末日においてその時に取り立てることができないと見込まれる額を控除しなければならない」（会計規5④）と規定している。また中小指針も、「金銭債権について取立不能のおそれがある場合には、その取立不能見込額を貸倒引当金として計上しなければならない」（中小指針18(1)）と同様に定めている。

3 回収不能のおそれ

中小会計要領は、回収不能のおそれがある場合について次のように説明している（Ⅱ4【解説】）。

- いまだ回収不能な状況とはなっていないものの、債務者の資産状況や支払能力等から見て、回収不能のおそれがある債権

「回収不能のおそれがある」とは具体的にはどのように判断すべきであろうか。この点について中小指針は、少し踏み込んで回収不能のおそれの判断基準を示している（中小指針18）ので、実務上は有益と考えられる。
- 債務者の財政状態、取立てのための費用及び手続の困難さ等を総合し、社会通念に従って判断したときに回収不能のおそれがある場合をいう

なお中小会計要領は「回収不能のおそれ」と表記するが、会社法や中小指針は、「取立不能のおそれ」と表記している。両者は、同義であると解される。

4 回収不能見込額の計算方法

中小会計要領は、決算期末における貸倒引当金の計算方法として次のように実務上の考え方を例示している（Ⅱ4【解説】）。
- 債権全体に対して法人税法上の中小法人に認められている法定繰入率で算定すること
- 過去の貸倒実績率で引当金額を見積る方法
- その他

このように、法人税法上の法定繰入率または貸倒実績率によることを例示しているので、実務的には、企業の実態に照らして特段の支障がない限り、この方法を採用することになろう。

◆ 中小指針の計算方法（参考）

これに対して中小指針は、次頁の図表のように債務者の財政状態及び経営成績に応じて3つに区分して取立不能見込額を算定することを原則としている（中小指針18(3)）。

区　分	定　義	算定方法
一　般　債　権	経営状態に重大な問題が生じていない債務者に対する債権	債権全体または同種・同類の債権ごとに、債権の状況に応じて求めた過去の貸倒実績率等の合理的な基準により算定する（貸倒実績率法）
貸倒懸念債権	経営破綻の状態には至っていないが、債務の弁済に重大な問題が生じているかまたは生じる可能性の高い債務者に対する債権	原則として、債権金額から担保の処分見込額及び保証による回収見込額を減額し、その残額について債務者の財政状態及び経営成績を考慮して算定する
破産更生債権等	経営破綻または実質的に経営破綻に陥っている債務者に対する債権	債権金額から担保の処分見込額及び保証による回収見込額を減額し、その残額を取立不能額とする

出所　「中小企業の会計に関する指針（平成23年版）」18(3)

　また中小指針は、次頁の図表に掲げる法人税法の区分に基づいて算定される貸倒引当金繰入限度額が、明らかに取立不能見込額に満たない場合以外には、法人税法上の繰入限度額相当額をもって貸倒引当金とすることができると定めている（中小指針18(3)）。

5 貸借対照表上の表示

　貸倒引当金の貸借対照表上の表示に関する考え方について、中小会計要領は各論においては特に触れていない。その代わり、様式集において、次のように具体的な表示方法を選択的に示している（Ⅲ【記載上の注意】4）。
- 貸倒引当金の表示方法は3通りから選択できる。
    1) 流動資産または投資その他の資産から一括控除する方法(様式の方法)
    2) 各科目（売掛金等）ごとに控除して表示する方法
    3) 各科目から直接控除し、控除額を注記する方法

　この表示方法は、企業会計の一般的な慣行と同様である。

区　分	定　義	繰入限度額
一括評価 金銭債権	個別評価金銭債権以外の金銭債権	債権金額に過去３年間の貸倒実績率または法人税法に規定する法定繰入率を乗じた金額
個別評価 金銭債権	更生計画の認可決定により５年を超えて賦払いにより弁済される等の法律による長期棚上げ債権	債権金額のうち５年を超えて弁済される部分の金額（担保権の実行その他により取立て等の見込みがあると認められる部分の金額を除く）
	債務超過が１年以上継続し事業好転の見通しのない場合等の回収不能債権	債権金額（担保権の実行その他により取立て等の見込みがあると認められる部分の金額を除く）
	破産申立て、更生手続等の開始申立てや手形取引停止処分があった場合等における金銭債権	債権金額（実質的に債権と見られない部分の金額及び担保権の実行、金融機関等による保証債務の履行その他により取立て等の見込みがあると認められる部分の金額を除く）の50％相当額

出所 「中小企業の会計に関する指針（平成23年版）」18(3)

6　損益計算書上の表示

　貸倒引当金の損益計算書上の表示に関する考え方について、中小会計要領は特に触れていない。そこで実務的には、中小会計要領に記載がない場合のルールに基づき、中小指針の定めをまず検討することになる（Ⅰ5）。

　中小指針は、貸倒引当金の損益計算書上の表示について、次のように示している（中小指針17(2)）。

- 営業上の取引に基づいて発生した債権に対するもの……販売費
- 販売費、特別損失以外のもの………………………………営業外費用
- 臨時かつ巨額のもの…………………………………………特別損失

　そこで中小会計要領に基づく場合であっても、上記の中小企業の定めを選択して適用することになる（Ⅰ5）。

第5節 有価証券

> **中小会計要領Ⅱ5**
> (1) 有価証券は、原則として、取得原価で計上する。
> (2) 売買目的の有価証券を保有する場合は、時価で計上する。
> (3) 有価証券の評価方法は、総平均法、移動平均法等による。
> (4) 時価が取得原価よりも著しく下落したときは、回復の見込みがあると判断した場合を除き、評価損を計上する。

❶ 中小企業の会計実務のポイント

　取引先との関係を維持するため株式等を取得したり、グループ会社の支配権を維持するために株式等を保有したり、あるいは余裕資金の運用などのために株式等を取得することがある。

　株式や社債などの有価証券は、客観的な時価が把握できたり、あるいは比較的流通性の高いものも含まれる。こうした有価証券を適正に処理することは、適正な財政状態などの把握のために重要である。

　実務的には、中小規模の企業における会計では、主に次の点が取り上げられる。

- 有価証券とは何か、どのように分類すべきか
- 有価証券はどのように計上すべきか
- 有価証券の評価はどのようにすべきか

- 著しく下落した有価証券の評価はどのようにすべきか

❷ 有価証券の概念

　有価証券とは何かについて、中小会計要領は特段の定めを置いていない。しかし、企業会計において有価証券とは、金融商品取引法において定める有価証券を指すと解するのが一般的である。

　また、国内CDや円建BAなどのように、金融商品取引法において定める有価証券ではないが類似するものであって活発な市場があるものも、企業会計では有価証券に準じて処理される。

❸ 分類と評価

　企業会計は、有価証券を一定の観点から分類し、その分類に応じて評価などの会計処理を対応させる構造を採用している。

　中小会計要領においても、有価証券を、①有価証券一般、②売買目的の有価証券、の2つに分類し、それぞれに会計処理を対応させる方法を採用している。その場合の分類の基準は、次に示すように保有目的が採用されている（Ⅱ5(1)(2)）。

- 有価証券一般…………原則として、取得原価で計上する
- 売買目的の有価証券……時価で計上する

> **参考　売買目的の有価証券**
>
> 　売買目的の有価証券とは何かについて、中小会計要領は特段の定めを置いていない。だが中小指針は、時価の変動を利用して利益を得る目的で保有する有価証券を、売買目的の有価証券であると定義している。
>
> 　すなわち「売買目的有価証券とは、時価の変動により利益を得ることを目的として保有する有価証券をいう」（中小指針19(1)）と定めている。

なお、中小指針は、売買目的有価証券の分類を、法人税法の規定に従うことを容認しているので留意されたい。この場合の法人税法の規定による売買目的有価証券とは次のものとされる。

- 短期的な価格の変動を利用して利益を得る目的で取得した有価証券(企業支配株式を除く)であって、以下に掲げるもの
    ① 専担者売買有価証券(トレーディング目的の専門部署を設置している場合に、その目的のために取得した有価証券)
    ② 短期売買有価証券(短期売買目的で取得したものである旨を帳簿書類に記載した有価証券)
    ③ 金銭の信託に属する有価証券(金銭の信託のうち信託財産として短期売買目的の有価証券を取得する旨を他の金銭の信託と区分して帳簿書類に記載したもの)

❹ 有価証券の計上基準

中小会計要領は、有価証券について原則として取得原価で計上すると定めた(Ⅱ5⑴)。ただし例外的に、売買目的の有価証券については、取得原価ではなく時価で計上することとしている(Ⅱ5⑵)。

❺ 有価証券の取得価額

有価証券の取得価額の構成について、中小会計要領は特段の定めを置いていない。中小会計要領に記載がない場合には、実務的には中小指針の定めをまず検討することになる(Ⅰ5)。

そこで中小指針の場合を検討することにしよう。中小指針によれば、有価証券の購入金額に対して、取得時の購入手数料等の付随費用を加算することが次のように求められている(中小指針20)。

- 有価証券の取得時における付随費用(支払手数料等)は、取得した有価証券の取得価額に含める

なお、時価で評価をする場合には、取得時または売却時の付随費用は含めない処理をする必要があることに留意されたい（中小指針20）。

> **参考** 取得価額と取得原価
>
> 中小会計要領は、取得価額と取得原価について、次のように基本的に区別する考え方を採用している。以下、中小会計要領の解説に沿って確認をしておこう（Ⅱ2【解説】）。
> - 取得価額とは、資産の取得または製造のために要した金額のことで、購入品であれば、購入金額に付随費用を加えた金額をいう
> - 取得原価とは、取得価額を基礎として、適切に費用配分した後の金額のことで、棚卸資産であれば、総平均法等により費用配分した後の金額をいう
>
> つまり、
> 　　（取得価額＝購入金額＋付随費用）
> 　　（取得原価＝取得価額＋評価方法）
> と、中小会計要領は両者を区別しているので留意されたい。

❻ 評価基準と評価方法

1 評価基準

資産の評価基準としては、一般的に、取得原価主義による原価法と、時価主義による低価法が取り上げられる。

中小会計要領は、有価証券の評価基準として原則として原価法を掲げている。

ここで原価法とは、取得原価により期末有価証券を評価する方法である。なお低価法とは、期末における時価が取得原価よりも下落した場合に、時価によって評価する方法を指す。

中小会計要領は、有価証券の評価基準として、原則として原価法（取得原価）を採用し、売買目的の有価証券を保有する場合には時価で計上することとしている。

2 評価方法

中小会計要領は、有価証券の評価方法について、「総平均法、移動平均法等による」（Ⅱ5(3)）と示している。そのうえで、「有価証券は、(3)にあるように、総平均法、移動平均法等により、期末の金額（取得原価）を計算します」（Ⅱ5【解説】）と説明を加えている。

なお、中小指針は、有価証券の評価方法として「移動平均法又は総平均法による」（中小指針21）としていた。

7 強制評価減

中小会計要領は、有価証券の計上基準は原則として取得原価主義であると設定した。この限りでは時価の影響を受けないため、評価損の計上は必要ないはずである。しかし中小会計要領は、会社法の資産評価規定（会計規5）を準用していわゆる強制評価減の定めを、次のように設定した。

- 時価が取得原価よりも著しく下落したときは、回復の見込みがあると判断した場合を除き、評価損を計上する（Ⅱ5(4)）

そのうえで、取得原価で評価した有価証券についても、時価が取得原価よりも著しく下落したときには、回復の見込みがあるかないかを判断し、その結果、回復の見込みがあると判断した場合を除いて、評価損を計上することが必要になる（Ⅱ5【解説】）としたのである。

そこで、時価が著しく下落したときとはどのような場合であるかが問題となる。また回復の見込があると判断したとはどのような場合であるのかが問題となる。

1 著しく下落とは

中小会計要領は、著しく下落したときについて、「個々の銘柄の有価証券の時価が取得原価に比べて50％程度以上下落した場合には、該当するもの

と考えられます」（Ⅱ5【解説】）として、いわゆる50％基準を示している。これは一般的な企業会計の慣行と同旨である。

なお、中小会計要領は、非上場株式の場合について、一般的には時価を把握することが難しいと考えられるので、時価の把握が難しい場合には時価が取得原価よりも著しく下落しているかどうかの判断が困難になるとしている。

そうであっても、次のような場合には評価損の計上が必要であるとしているので留意されたい（Ⅱ5【解説】）。

- たとえば、大幅な債務超過等でほとんど価値がないと判断できるものについては、評価損の計上が必要と考えられます

2 回復の見込みとは

中小会計要領は、もし時価が著しく下落した場合でも、回復の見込みがあると判断した場合には、評価損の計上を求めていない。しかし、回復の見込みがあると客観的に示すことは、実務的にはなかなか難しいところである。

簡便な会計処理が適当である中小企業の実態に即して考えれば、回復の見込みがあるかないかを経営者自身が判断することに依拠せざるを得ないのではないか、つまり経営者が回復の見込みを考えてもいいのではないか、こうした見解が有力になってきた[*11]。

こうした考えによれば、経営者が回復の見込みがあると判断しかつそこに合理性があると認められる場合には、たとえ時価が著しく下落したとしても、評価損の計上は求められないと取り扱われることになると思われる。

簡便な会計処理が適当である中小企業を対象にして、その実態に即した会計処理を取りまとめた中小会計要領は、有価証券の時価が取得原価に比べて著しく下落した場合であっても、経営者が回復の見込みがあると判断した場合には、評価損の計上は求めない取扱いとなるであろうことに留意されたい（Ⅱ5【解説】）。

　＊11　WGの座長である弥永真生氏の発言（「会社法に忠実の視点に立ち、最低限守るべき会計レベルを設定」税理（2012年1月号）5頁）。

⑧ 貸借対照表上の表示

　有価証券の貸借対照表上の表示に関する考え方について、中小会計要領は特に触れていない。その代わりに同様式集において、次のように具体的な科目等を示している（Ⅲ「記載上の注意」5）。

- 以下の2つは「有価証券」として流動資産の部に計上
  - 売買目的有価証券
  - 事業年度の末日後1年以内に満期の到来する社債等
- 子会社及び関連会社の株式は「関係会社株式」として固定資産の投資その他の資産の部に表示
- それ以外の有価証券については「投資有価証券」として固定資産の投資その他の資産の部に表示

　なお、中小指針も、ほぼ同様の定めを置いている。

⑨ 損益計算書上の表示

　有価証券を売却した場合の売却損益について、損益計算書上でどのように表示すべきかについては中小会計要領は特に触れていない。中小会計要領に記載がない場合には、実務的には中小指針の定めをまず検討することになる（Ⅰ5）。

　中小指針は、有価証券の売却損益について次のように示している（中小指針24）。

- 売買目的有価証券：営業外損益（売却益と売却損は相殺する）
- 子会社株式及び関連会社株式：特別損益（売却益と売却損は相殺しない）
- その他有価証券
  - 臨時的なもの……特別損益（業務上の関係を有する株式の売却等）
  - それ以外…………営業外損益（純投資目的等）

有価証券の評価損が生じたときには、上記の記載方法を適用することになろう。

第6節 棚卸資産

中小会計要領Ⅱ6

(1) 棚卸資産は、原則として、取得原価で計上する。
(2) 棚卸資産の評価基準は、原価法又は低価法による。
(3) 棚卸資産の評価方法は、個別法、先入先出法、総平均法、移動平均法、最終仕入原価法、売価還元法等による。
(4) 時価が取得原価よりも著しく下落したときは、回復の見込みがあると判断した場合を除き、評価損を計上する。

❶ 中小企業の会計実務のポイント

　仕入や製造・販売・経営管理などを通じて収益を獲得するために費消される棚卸資産は、経営活動の根幹を構成するものである。したがって、その取得原価の決定方法や評価方法・評価基準などを的確に把握することが重要である。

　実務的には、中小規模の企業における会計では、主に次の点が取り上げられる。

- 棚卸資産とは何か
- 棚卸資産はどのように計上すべきか
- 棚卸資産の評価はどのようにすべきか
- 著しく下落した棚卸資産の評価はどのようにすべきか

② 棚卸資産の概念

　中小会計要領は、棚卸資産とは何かについて特段の定めを置いていない。しかし企業会計においては、棚卸資産とは生産や販売や管理活動を通じて収益をあげることを目的として費消される財貨やサービスをさす概念である。

③ 範　囲

　中小会計要領は、商品、製品、半製品、仕掛品、原材料等を棚卸資産の範囲として示している（Ⅱ6【解説】）。この点は、一般的な企業会計の慣行と同様な内容となっている。

　なお、中小指針もほぼ同様な範囲を定めているが、「なお、本指針における棚卸資産とは、通常の販売目的（販売するための製造目的を含む。）で保有する棚卸資産をいう」（中小指針25）と、販売目的の要件を付け加えている。

　販売目的以外の「棚卸資産」について会計処理が必要となった場合には、企業の実態等に応じて、中小企業の場合に一般に公正妥当と認められる企業会計の慣行のひとつである中小指針が採用しているこの販売目的の要件を、適用することになろう（Ⅰ5）。

④ 棚卸資産の計上基準

　中小会計要領は、棚卸資産について原則として取得原価で計上するとしている（Ⅱ6⑴）。こうした考え方は一般的な企業会計の慣行と同様である。

　たとえば企業会計原則は、「取得原価をもって貸借対照表価額とする」（企業会計原則第三 五A）と定めている。

5 棚卸資産の取得価額と取得原価

　中小会計要領は、棚卸資産の取得価額の構成について、購入金額に付随費用を加算することによって取得価額を算出することを求めている。また製造業の場合には、製品製造のために使用した材料費・労務費・製造経費を積算して取得原価を産出することを求めている（Ⅱ6【解説】）。こうした考え方は、一般的な企業会計の慣行と同様である。

> **参考　中小指針における取得価額**
>
> 　棚卸資産の取得価額に関して、もし中小会計要領で定めていない場合には、たとえば中小指針の考え方を適用することを検討する場合もあろう。以下、中小指針における棚卸資産の取得価額について見ておこう（中小指針26）。
>
> - 購入した棚卸資産
>
>   その資産の購入の代価（引取運賃、荷役費、運送保険料、購入手数料、関税その他購入のために要した費用がある場合には、その費用の額を加算した金額）とその資産を消費しまたは販売の用に供するために直接要した費用の額の合計額
>
> - 自己の製造等に係る棚卸資産
>
>   その資産の製造等のために要した原材料費、労務費、及び経費の額とその資産を消費しまたは販売の用に供するために直接要した費用の額の合計額
>
> - 上記以外の方法により取得をした棚卸資産
>
>   その取得の時におけるその資産の取得のために通常要する価額とその資産を消費しまたは販売の用に供するために直接要した費用の額の合計額

　なお中小指針は少額の付随費用の取扱いについて触れている。中小会計要領はこの点については特に触れていないが、重要性の原則（Ⅰ9⑥）に留意する必要があると中小会計要領は明記しているのであるから、当然に中小指針の以下の考え方を適用することを検討することになる。

- 少額の付随費用

  整理、選別、手入れ等に要した費用の額その他一定の費用の額で少額の付随費用等は、取得価額に算入しないことができる（中小指針26）

6 評価基準と評価方法

すでに見てきたように、棚卸資産は取得原価で計上するのが原則である。だが適正な期間損益計算のために、売上高にどのように棚卸資産の取得原価を対応させるかが問題である。この点は、棚卸資産の評価方法に関する問題である。また期末において、どのように評価すべきかが問題となるこの点は、棚卸資産の評価基準の問題である。

1 評価基準

資産の評価基準としては、一般的に、取得原価主義による原価法と、時価主義による低価法が取り上げられる。

中小会計要領も、棚卸資産の評価基準として原価法と低価法の両者を掲げている（Ⅱ6(2)）。

ここで原価法とは、「取得原価により期末棚卸資産を評価する方法」（Ⅱ6【解説】）である。また低価法とは、「期末における時価が取得原価よりも下落した場合に、時価によって評価する方法」（Ⅱ6【解説】）を指す。

そこで中小会計要領に基づく場合には、棚卸資産の評価基準として、原価法あるいは低価法のどちらかを選択して適用する必要があることになる。

> **参考　中小指針における評価基準**
>
> 中小指針は、次のように低価法が原則的な棚卸資産の評価基準である（中小指針27）。
> - 棚卸資産の期末における時価が帳簿価額より下落し、かつ、金額的重要性がある場合には、時価をもって貸借対照表価額とする

2 評価方法

　中小会計要領は、棚卸資産の評価方法について、個別法、先入先出法、総平均法、移動平均法、最終仕入原価法、売価還元法、などの方法を示している（Ⅱ6(3)）。そのうえで、「個別法、先入先出法、総平均法、移動平均法、最終仕入原価法、売価還元法等により期末の金額（取得原価）を計算します」（Ⅱ6【解説】）と、期末の金額を計算することが評価方法の目的であることを示している。

　ここで注目しなければならないのは、評価方法に最終仕入原価法が取り上げられたことである。中小企業の実務において棚卸資産の評価方法として採用されている割合が高いともいわれる最終仕入原価法が、総平均法などと並んで、会社法の計算書類作成の会計処理として公に認知されたことは、意義深い。

> **参考　中小指針と最終仕入原価法**
>
> 　中小指針は、棚卸資産の評価方法に関して「なお、期間損益の計算上著しい弊害がない場合には、最終仕入原価法を用いることもできる」（中小指針28）として、最終仕入原価法の採用には「著しい弊害がない場合」に限ることとされていた。
>
> 　中小会計要領は、会社法431条に合致した企業会計のルールとして、はじめて最終仕入原価法を位置づけられたとされる。

7 強制評価減

　中小会計要領は、棚卸資産の評価基準について原則として取得原価主義であると設定した。この限りでは時価の影響を受けないため、評価損の計上は必要ないはずである。

　しかし中小会計要領は、取得原価主義の例外として、評価損の計上を強制する場合を示しているので注意が必要である。評価減が強制されるのは、次の場合である。

- 時価が取得原価よりも著しく下落したときは、回復の見込みがあると判断した場合を除き、評価損を計上する（Ⅱ6(4)）

　評価基準として原価法を採用している場合でも、時価が取得原価よりも著しく下落したときは、回復の見込みがあるかないかを判断し、その結果、回復の見込みがあると判断した場合を除いて、評価損を計上することが必要になる（Ⅱ6【解説】）としたのである。

　そこで、時価が著しく下落したときとはどのような場合か、回復の見込みがあるとはどのような場合かが問題となる。

1 著しく下落とは

　中小会計要領は、著しく下落したときについて、特に考え方を示していない。しかし次のように例示している。

- 「例えば、棚卸資産が著しく陳腐化したときや、災害により著しく損傷したとき、あるいは、賞味期限切れや雨ざらし等でほとんど価値がないと判断できるものについては、評価損の計上が必要と考えられます」（Ⅱ6【解説】）

　したがって棚卸資産がこのように、①著しく陳腐化したとき、②災害により著しく損傷したとき、③ほとんど価値がない、といった場合には、著しく下落していると判断することになろう。

2 回復の見込みとは

　中小会計要領は、たとえ時価が著しく下落した場合であっても、回復の見込みがあると判断した場合には評価損の計上を求めていない。だが、回復の見込みについて客観的に示すことは、実務的にはなかなか難しいところである。
　しかし簡便な会計処理が適当である中小企業の実態に即して考えれば、回復の見込みがあるかないかを経営者自身が判断することに依拠せざるを得な

いのではないか、つまり経営者が回復の見込みを考えてもいいのではないか、こうした見解が有力になってきた[*12]。

こうした考えによれば、経営者が回復の見込みがあると判断しかつそこに合理性があると認められる場合には、たとえ時価が著しく下落したとしても、評価損の計上は求められないと取り扱われることになろう。

このように、簡便な会計処理が適当である中小企業を対象にその実態に即した会計処理を取りまとめた中小会計要領の場合には、棚卸資産の時価が取得原価に比べて著しく下落した場合であっても、経営者が回復の見込みがあると判断した場合には、評価損の計上は求めない取扱いとなるであろうことに留意されたい（Ⅱ6【解説】）。

*12　弥永・前掲（*11）69頁

3 時価とは

中小会計要領は、棚卸資産の時価について、「商品、製品等については、個々の商品等ごとの売価か最近の仕入金額により把握することが考えられます（Ⅱ6【解説】）」と、売価または最近の仕入金額によることを示している。

他方で中小指針は、「時価とは、原則として正味売却価額（売却市場における時価から見積追加製造原価及び見積販売直接経費を控除した金額）をいう」（中小指針27）と、正味売却価額を原則として採用している。

このように比較すると、中小会計要領は中小企業の実態に即して、棚卸資産の時価を把握するために簡便的な方法を採用していることが浮かび上がってくるであろう。

すなわち中小会計要領は、①売価、または②最近の仕入金額、のいずれかによって棚卸資産の時価を把握することができるとしたのである。中小企業の実態に照らして実際には難しいといわれていた時価の把握が可能となる簡便的な方法を、中小会計要領は示したことに留意されたい。

8 損益計算書上の表示

　棚卸資産に評価損が生じた場合、損益計算書上でどのように表示すべきかについては中小会計要領は特に触れていない。中小会計要領に記載がない場合には、実務的には中小指針の定めをまず検討することになる（Ⅰ5）。

　そこで中小指針について見てみると、棚卸資産の評価損について、次のように示している（中小指針29）。

- 棚卸資産の製造に関連して発生するもの…………製造原価
- 臨時の事象に起因し、かつ、多額であるもの……特別損失
- 上記以外のもの……………………………………売上原価

　棚卸資産の評価損が生じたときには、上記の記載方法を適用することになろう。

第7節 経過勘定

> **中小会計要領Ⅱ7**
> (1) 前払費用及び前受収益は、当期の損益計算に含めない。
> (2) 未払費用及び未収収益は、当期の損益計算に反映する。

1 中小企業の会計実務のポイント

　経営成績を把握するためには、計算期間に属する収益と費用を適正に損益計算書に計上することが必要である。また財政状態を把握するためには、計算期間の末日における収益の未収・前受と費用の未払・前受を明らかにし貸借対照表に計上することが必要である。

　実務的には、中小規模の企業における会計では、主に次の点が取り上げられる。

- 前払費用とは何か、どのように処理すべきか
- 前受収益とは何か、どのように処理すべきか
- 未払費用とは何か、どのように処理すべきか
- 未収収益とは何か、どのように処理すべきか
- 棚卸資産の評価はどのようにすべきか
- 著しく下落した棚卸資産の評価はどのようにすべきか

② 経過勘定の概念

　中小会計要領は、経過勘定について、サービスの提供の期間とそれに対する代金の授受の時点が異なる場合に、その差異を処理する勘定科目が経過勘定であると位置づけている。そのうえで、損益計算書に計上される費用と収益は、現金の受払額ではなく、その発生した期間に正しく割り当てる必要があるからだと、その意義を示している（Ⅱ7【解説】）。こうした考え方は、一般的な企業会計の慣行と同様である。

③ 範　囲

　中小会計要領は、経過勘定には、前払費用、前受収益、未払費用、未収収益の4つの項目があることを示している（Ⅱ7【解説】）。中小指針も同様である（中小指針30）。

④ 経過勘定の会計処理

1 前払費用と前受収益

　中小会計要領は「前払費用及び前受収益は、当期の損益計算に含めない」（Ⅱ7⑴）と、損益の繰延処理を求めている。

　その理由について「「前払費用」と「前受収益」は、翌期以降においてサービスの提供を受けた、もしくは提供した時点で費用又は収益となるため……当期の損益計算には含めないことになります」（Ⅱ7【解説】）としている。

2 未払費用と未収収益

　また中小会計要領は、「未払費用及び未収収益は、当期の損益計算に反映する」（Ⅱ7⑵）と、損益の見越処理を求めている。

　それは「「未払費用」と「未収収益」は、当期においてすでにサービスの

提供を受けている、もしくは提供しているので、(2)にあるように、当期の損益計算に反映することになります」（Ⅱ7【解説】）としている。

3 重要性の乏しい場合

なお中小会計要領は、金額的に重要性の乏しいものについては、受け取ったまたは支払った期の収益または費用として処理することも認められる（Ⅱ7【解説】）と、重要性の乏しい経過勘定については本来の繰延処理・見越処理によらないことを容認している。

5 経過勘定の具体的な処理

1 前払費用

中小会計要領は、前払費用を「決算期末においていまだ提供を受けていないサービスに対して支払った対価」（Ⅱ7表1）と定義している。前払費用の具体的な例として、「前払いの支払家賃や支払保険料、支払利息等」（Ⅱ7表1）を掲げている。

中小指針の場合も上記と同様であるが、ただし前払費用について「支払日から1年以内に提供を受ける役務に対応する金額については、継続適用を条件に費用処理することができる」（中小指針31(2)）と例外処理を容認している。

2 前受収益

中小会計要領は、前受収益を「決算期末においていまだ提供していないサービスに対して受け取った対価」（Ⅱ7表1）と定義している。前受収益の具体的な例として、「前受けの家賃収入や受取利息等」（Ⅱ7表1）を掲げている。

中小指針も上記と同様であるが、ただし前受収益と前受金を区別することを求め、「前受収益は、このような役務提供契約以外の契約等による前受金とは区別しなければならない」（中小指針30(2)）としている。

3 未払費用

　中小会計要領は、未払費用を「既に提供を受けたサービスに対して、決算期末においていまだその対価を支払っていないもの」（Ⅱ7表1）と定義している。未払費用の具体的な例として、「後払いの支払家賃や支払利息、従業員給料等」（Ⅱ7表1）を掲げている。

　中小指針も上記と同様であるが、ただし未払費用と未払金を区別することを求め、「未払費用は、このような役務提供契約以外の契約等による未払金とは区別しなければならない」（中小指針30(3)）としている。

4 未収収益

　中小会計要領は未収収益を「既に提供したサービスに対して、決算期末においていまだその対価を受け取っていないもの」（Ⅱ7表1）と定義している。未収収益の具体的な例として、「後払いの家賃収入や受取利息等」（Ⅱ7表1）を掲げている。

　中小指針も上記と同様であるが、ただし未収収益と未収金を区別することを求め、「未収収益は、このような役務提供契約以外の契約等による未収金とは区別しなければならない」（中小指針30(4)）としている。

❻ 経過勘定の貸借対照表の表示

　経過勘定について、貸借対照表上でどのように表示すべきかについて中小会計要領は特に触れていない。中小会計要領に記載がない場合には、実務的には中小指針の定めをまず検討することになる（Ⅰ5）。

- 中小指針は、経過勘定の貸借対照表上の表示について、次のように示している（中小指針32）。
  - 前払費用
    - 前払費用として流動資産に表示
    - 長期前払費用（年度末日後1年を超えて費用となる部分）として投資そ

　　　　の他の資産に表示
　■ 前受収益
　　　○ 前受収益として流動負債に表示
　　　○ 長期前受収益（年度末日後1年を超えて収益となる部分）として固定負
　　　　債に表示
　■ 未払費用
　　　○ 未払費用として流動負債に表示
　■ 未収収益
　　　○ 未収収益として流動資産に表示

経過勘定が発生したときには、上記の記載方法を適用することになろう。

第 8 節　固定資産

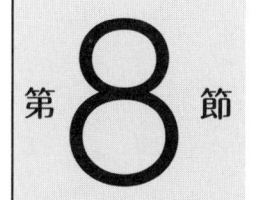

中小会計要領Ⅱ8

(1)　固定資産は、有形固定資産（建物、機械装置、土地等）、無形固定資産（ソフトウェア、借地権、特許権、のれん等）及び投資その他の資産に分類する。
(2)　固定資産は、原則として、取得原価で計上する。
(3)　有形固定資産は、定率法、定額法等の方法に従い、相当の減価償却を行う。
(4)　無形固定資産は、原則として定額法により、相当の減価償却を行う。
(5)　固定資産の耐用年数は、法人税法に定める期間等、適切な利用期間とする。
(6)　固定資産について、災害等により著しい資産価値の下落が判明したときは、評価損を計上する。

❶ 中小企業の会計実務のポイント

　主として事業活動のため長期的に保有する固定資産は、財政状態や経営成績を把握するために、重要な役割を担っている。実務的には、中小規模の企業における会計では、主に次の点が取り上げられる。
- 固定資産とは何か、どのように分類すべきか
- 固定資産はどのように計上すべきか

- 減価償却はどのようにすべきか
- 固定資産の評価はどのようにすべきか

❷ 固定資産の概念

　中小会計要領は、固定資産について、長期間にわたり企業の事業活動に使用するために所有する資産であるとし、有形固定資産、無形固定資産、投資その他の資産の3つに分類している（Ⅱ8⑴）。

　そのうえで、有形固定資産は建物、機械装置、土地等から構成され、無形固定資産はソフトウェア、借地権、特許権、のれん等から構成されるとする。

　こうした考え方は、一般的な企業会計の慣行と同様であるので、この限りでは、現行の中小企業の実務に大きな変動を及ぼすものではない。

❸ 固定資産の計上基準

　中小会計要領は、固定資産について、原則として取得原価で計上するとしている（Ⅱ8⑵）。

❹ 固定資産の取得価額

　中小会計要領は、固定資産の取得価額の構成について、「固定資産の取得価額は、購入金額に引取費用等の付随費用を加えて計算します」（Ⅱ8【解説】）として、購入金額（対価）に付随費用を加算して取得価額を算出することを求めている。

　なお、中小指針は、次のように中小会計要領が触れていない内容についてより詳細に示している部分がある(中小指針33)。したがって、もし会計処理が必要となった場合には、実態に応じて適用することになると思われる(Ⅰ5)。

- 原　則

  固定資産の取得価額は、購入代価等に、買入手数料、運送費、引取運賃、据付費、試運転費等の付随費用を加えた金額とする
- 少額の付随費用

  付随費用が少額である場合は、取得価額に算入しないことができる
- 少額の減価償却資産

  減価償却資産のうち取得価額が少額のものについては、その取得した事業年度において費用処理することができる

❺ 固定資産の減価償却

中小会計要領は、有形固定資産の減価償却について「建物や機械装置等の有形固定資産は、通常、使用に応じてその価値が下落するため、一定の方法によりその使用可能期間（耐用年数）にわたって減価償却費を計上する必要があります」と、その必要性を示している。同様に、無形固定資産についても減価償却が必要であることを示している（Ⅱ8【解説】）。

1 減価償却の方法

中小会計要領は、減価償却の方法について、有形固定資産は定率法・定額法等の方法に従い、相当の減価償却を行うと定めた（Ⅱ8(3)）。

また、無形固定資産についても、原則として定額法により相当の減価償却を行うと定めた（Ⅱ8(4)）。

ここでいう定額法とは、毎期一定の額で償却する方法であり、また定率法とは、毎期一定の率で償却する方法であると、中小会計要領は説明を加えている（Ⅱ8【解説】）。こうしたことは、一般の企業会計の慣行と同様である。

なお、定額法や定率法の具体的な計算方法については、法人税法に定められた計算方法によることができるとしている（Ⅱ8【解説】）。この限りでは現行の実務に大きな影響はないと思われる。

2 耐用年数と残存価額

（1）耐用年数

　減価償却は固定資産の耐用年数にわたって行うが、その場合どのように耐用年数を設定するかについて、中小会計要領は次のように、①原則的な方法、②実務的な方法、③容認される方法、を示している。

- 原　則：固定資産の耐用年数は、法人税法に定める期間等、適切な利用期間とする（Ⅱ8(5)）
- 実　務：実務上は、法人税法に定める期間を使うことが一般的（Ⅱ8【解説】）
- 容　認：その資産の性質、用途、使用状況等を考慮して、適切な利用期間を耐用年数とする（Ⅱ8【解説】）

（2）残存価額等

　しかし残存価額について、中小会計要領は特段の定めを置いていない。このように中小会計要領で示していない会計処理の方法が必要になった場合には、「企業の実態等に応じて……一般に公正妥当と認められる企業会計の慣行の中から選択して適用する」（Ⅰ5）ことが必要となる。実務的には、中小企業の場合には中小指針の適用をまず検討することになろう。

　残存価額等について、中小指針は次のように示している（中小指針34）。

- 原　則：減価償却における耐用年数や残存価額は、その資産の性質、用途、使用状況等に応じて合理的に決定しなければならない
- 容　認：ただし、法人税法上の耐用年数を用いて計算した償却限度額を減価償却費として計上することも認められる
- 不合理：減価償却計算に適用した耐用年数または残存価額が、その設定に当たり予測できなかった機能的原因等により著しく不合理となった場合等には、耐用年数または残存価額を修正し、これに基づき過年度における減価償却累計額を修正し、その修正額を特別損失に計上する

3 特別償却

租税特別措置法による特別償却のうち、一時償却額についての取扱いについて、中小会計要領は触れていない。そこで、実務的には中小指針の定めをまず検討することになる（Ⅰ5）。中小指針は次のように定めている（中小指針34）。

- 原　則：その他利益剰余金の区分における積立て及び取崩しにより繰延税金負債を控除した金額を特別償却準備金として計上する
- 例　外：「重要性の乏しい場合」には、その他利益剰余金の区分における積立て及び取崩しにより繰延税金負債を控除した金額を特別償却準備金として計上することを要しない

4 相当の減価償却

中小会計要領が示す「相当の減価償却」（Ⅱ8(3)ほか）とはどのような償却であろうか。中小企業の実務の実態に照らせば、そこには重要な問題が含まれているといわれる。

そもそも強行規定である会社計算規則は、「償却すべき資産については、事業年度の末日……において、相当の償却をしなければならない」（会計規5②）と、相当の償却義務を明記している。だが、具体的な償却の方法については触れていない。

こうした背景のもと、中小会計要領は相当の減価償却について、「一般的に、耐用年数にわたって、毎期、規則的に減価償却を行うことが考えられます」（Ⅱ8【解説】）と解説している。すなわち、相当の減価償却とは、毎期規則的に減価償却を行うものであるとしたのである。

そのうえで、簡便な会計処理をすることが適当であると考えられる中小企業を対象にその実態に即した会計処理のあり方を取りまとめた中小会計要領としては、「毎期規則的に償却していなくても「相当の償却」といえる余地を残している」[*13]との立場をも解釈できる余地を残したと解されるのである。

すなわち、「その会社における当該資産の費用配分の方法として適切と考

えられる"特別な理由"があれば、「相当の償却」と認められる場合があり得るという考え方である」[*13]。

このように、中小会計要領における相当の減価償却とは、まずは企業の実態等に応じて、毎期規則的に減価償却を行うことがひとつの方法として考えられると示したうえで、その考え方以外の方法として、たとえば毎期規則的に償却しなくても企業の実態等に即した特別の理由があれば相当の償却と認められる場合もありうる、と解され余地を残した概念なのである。

今後の実務の積み重ねのなかで、中小企業の実態に即した一般に公正妥当と認められる企業会計の慣行として、どのように定着していくか見守ることが必要であろう。

  *13 WGの座長である弥永真生氏の発言（「会社法に忠実の視点に立ち、最低限守るべき会計レベルを設定」税理（2012年1月号）4頁）。

６ 圧縮記帳

中小会計要領は、圧縮記帳について特段の定めを置いていない。必要な会計処理の方法について、中小会計要領が示していない場合は、「企業の実態等に応じて……一般に公正妥当と認められる企業会計の慣行の中から選択して適用する」（Ｉ5）ことが必要となるが、実務的には、すでに中小企業における一般に公正妥当と認められる企業会計である中小指針の定めをまず検討することになろう（Ｉ5）。

中小指針は、圧縮記帳について次のように定めている（中小指針35）。
- 固定資産の圧縮記帳の会計処理について
    - 原　　則：その他利益剰余金の区分における積立て及び取崩しにより圧縮額から繰延税金負債を控除した純額を積立金として計上する
    - 容　　認：国庫補助金、工事負担金等で取得した資産については、直接減額方式による圧縮記帳をすることができる
    - 容　　認：交換、収用等及び特定の資産の買換えで交換に準ずると認め

られるものにより取得した固定資産についても、直接減額方式に準じた処理が認められる

7 評価損の計上

中小会計要領は、評価損の計上を求める場合を限定的に示している。すなわち、「固定資産について、災害等により著しい資産価値の下落が判明したときは、評価損を計上する」（Ⅱ8(6)）と定めている。

そのうえで、「減価償却により毎期、費用を計上していても、例えば、災害にあったような場合等予測することができない著しい資産価値の下落が生じる場合があります。このような場合には……相当の金額を評価損として計上する必要があります」（Ⅱ8【解説】）としている。

コラム 中小指針における減損

中小指針は、予測することができない減損が生じた場合について、相当の減額をすることを求めている。すなわち「固定資産について予測することができない減損が生じたときは、その時の取得原価から相当の減額をしなければならない」（中小指針36）と定めている。

減損の認識と算定にあたっては、「減損会計基準の適用による技術的困難性等を勘案し、本指針では、資産の使用状況に大幅な変更があった場合に、減損の可能性について検討することとする」（中小指針36）として、資産の使用状況に大幅な変更があった場合に限って減損の可能性を検討することとしている。

具体的には次の場合に、減損損失を認識するとしている。

① 次のいずれかの要件に該当すること
- 固定資産としての機能を有していても将来使用の見込みが客観的にないこと
- 固定資産の用途を転用したが採算が見込めないこと

② かつ、時価が著しく下落していること

なお、資産が相当期間遊休状態にあれば、通常、将来使用の見込みがないことと判断される。

8 ソフトウェア

中小会計要領は、ソフトウェアについて特段の定めを置いていない。そこで必要な会計処理の方法を本要領が示していない場合は、実務的には、すでに中小企業における一般に公正妥当な企業会計のルールであると認められている中小指針の定めをまず検討することになる（I5）。

中小指針は、ソフトウェアの制作費について次のように定めている（中小指針37）。

- 研究開発に該当するソフトウェアの制作費
  - 研究開発費として費用処理する
- 研究開発に該当しないソフトウェアの制作費
  - 社内利用のソフトウェア
    ⇒ その利用により将来の収益獲得または費用削減が確実であると認められる場合には、取得に要した費用を無形固定資産として計上する
  - 市場販売目的のソフトウェアである製品マスターの制作費
    ⇒ 研究開発費に該当する部分を除き、無形固定資産として計上する
- 無形固定資産として計上したソフトウェア
  - 見込販売数量に基づく償却方法その他合理的な方法により償却する
  - ただし、法人税法の定める償却方法を採用することもできる
  - 販売・使用見込みがなくなった場合、未償却残高を費用として一時に償却する必要がある

中小企業の実態に即してソフトウェアに関する会計処理が必要となった場

合には、こうした中小指針の定めの適用をまずは検討することになる（I 5）。

❾ ゴルフ会員権

　中小会計要領は、ゴルフ会員権について特段の定めを置いていない。そこでゴルフ会員権に関して会計処理の方法が必要になった場合には、企業の実態等に応じて、すでに中小企業における一般に公正妥当な企業会計のルールであると認められている中小指針の適用をまず検討することになろう（I 5）。
　中小指針は、ゴルフ会員権について次のように定めている（中小指針38）。

- ゴルフ会員権の評価
    - 取得減価で評価する
    - 計上額の重要性が高く以下の要件に該当する場合は減損処理を行う
        - ⇒　時価があるゴルフ会員権：時価が著しく下落したとき
        - ⇒　時価のないゴルフ会員権：発行会社の財政状態が著しく悪化したとき

第9節 繰延資産

> **中小会計要領Ⅱ9**
>
> (1) 創立費、開業費、開発費、株式交付費、社債発行費及び新株予約権発行費は、費用処理するか、繰延資産として資産計上する。
> (2) 繰延資産は、その効果の及ぶ期間にわたって償却する。

❶ 中小企業の会計実務のポイント

　将来の期間に影響する特定の費用は、繰延資産として経過的に貸借対照表に計上できるとされてきたが、法律上の権利ではなく担保価値もないため、擬制資産であると法律的にはみなされてきた。だが、会社計算規則の施行に伴い、会社法の枠組みにおいて繰延資産の名称は残るものの、具体的な項目（科目）は示されなくなった。また債権者保護のために早期償却なども義務づけられている。こうしたことを受けて、企業会計でも繰延資産の会計処理に関する見直しが行われている。

　実務的には、中小規模の企業における会計では、主に次の点が取り上げられる。

- 繰延資産とは何か、その範囲はどこまでか
- 繰延資産はどのように計上すべきか
- 償却はどのようにすべきか
- 法人税法上の繰延資産をどのように取り扱うべきか

❷ 繰延資産の概念

中小会計要領は、繰延資産について、「対価の支払いが完了し、これに対応するサービスの提供を受けたにもかかわらず、その効果が将来にわたって生じるものと期待される費用をいいます」（Ⅱ9【解説】）と定義している。これは一般的な企業会計の慣行と同様であり、中小指針も同様である（中小指針39）。

確認の意味で記すと、繰延資産の要件は次の3点である。

- 対価の支払いが完了している
- 対応するサービス（役務）の提供を受けている
- その効果が将来にわたって生じるものと期待される費用である

> **コラム　対価と代価**
>
> 中小会計要領の繰延資産の要件の第1に掲げられているのが「対価の支払いが完了」（Ⅱ9〔解説〕）であるが、これまで会計理論的には"対価"ではなく"代価"という表現が使用されてきた。
>
> たとえば企業会計原則では「「将来の期間に影響する特定の費用」とは、すでに代価の支払が完了し又は支払義務が確定し、これに対応する役務の提供を受けたにもかかわらず、その効果が将来にわたって発現するものと期待される費用をいう」（企業会計原則注解15）と代価を使用している。中小指針も代価を使っている。

❸ 繰延資産の範囲

中小会計要領は、創立費、開業費、開発費、株式交付費、社債発行費及び新株予約権発行費の6項目に繰延資産の範囲を限定している（Ⅱ9【解説】）。

こうした取扱いは中小指針も同様であり、やはり繰延資産の範囲を6項目に限定している（中小指針40）。

❹ 処　理

　中小会計要領は、繰延資産に属する6項目について、①費用処理する方法、あるいは②繰延資産として資産計上する方法（Ⅱ9(1)及び【解説】）と、2つの処理方法を並列して同格であるとしている。

　しかし、企業会計の一般的な取扱いとしては、費用処理を原則的な方法とすることを前提としたうえで、繰延資産として計上することを容認する構造となっている。企業会計原則の繰延資産に関する規定は、まさにそのとおりである（企業会計原則注解15）。中小指針も同様に、原則として費用処理するが、繰延資産として資産に計上することができる（中小指針「繰延資産」要点）としている。

　2つの処理方法の関係が、並列される同格のものであるのか、あるいは縦列される主従（原則・容認）のものであるか、表記の仕方からは戸惑うところがあるかもしれない。だが、中小会計要領は簡便で経営者が理解しやすいことを目指したルールである点を考慮すると、簡便な表記をしたにすぎないと解するのが妥当であろう。

　現行実務には、影響を及ぼさないと思われる。

❺ 法人税法固有の繰延資産

　中小会計要領は、以下に掲げるいわゆる法人税法固有の繰延資産について、会計上の繰延資産に該当しないとした（Ⅱ9【解説】）。そのうえで、貸借対照表においては会計上の繰延資産の区分ではなく、固定資産（投資その他の資産）に「長期前払費用」として計上することが考えられるとしている（Ⅱ9【解説】）。これは、中小指針においても同様である。実務的には、長期前払費用として計上することに、留意されたい。

　中小会計要領は、法人税法固有の繰延資産とは、効果が支出の日以後1年以上に及ぶもので、次の5つの費用が該当すると定めている（Ⅱ9【解説】）。

なお、中小指針も同様な定めを置いている。
- 自己が便益を受ける公共的施設または共同的施設の設置または改良のために支出する費用
- 資産を賃借しまたは使用するために支出する権利金、立退料その他の費用
- 役務の提供を受けるために支出する権利金その他の費用
- 製品等の広告宣伝の用に供する資産を贈与したことにより生ずる費用
- 以上の費用のほか、自己が便益を受けるために支出する費用

こうした要件に合致する費用について、会社法の枠組みで資産性が認められたことになるので、実務的には、資産性を立証する証憑の整備保管等と金融機関等への呈示要求に対応できるようにしておく必要があろう。

6 償 却

中小会計要領は、資産計上した繰延資産について、その効果の及ぶ期間にわたって償却する必要があることを明らかにしている（Ⅱ9(2)）。これは一般的な企業会計の慣行と同様である。

繰延資産の償却をその効果の及ぶ機関にわたって償却するにあたっては、償却期間をどのようにするかが問題となる。中小会計要領は、具体的な償却期間について次のように定めている。
- 創立費は会社成立後、開業費は開業後、開発費はその支出後、それぞれ5年内
- 株式交付費及び新株予約権発行費は発行後3年内
- 社債発行費は社債償還期間

1 償却方法

しかし、具体的な償却方法については、中小会計要領は特段の定めを設け

ていない。必要な会計処理の方法について中小会計要領が示していない場合は、実務的には、すでに中小企業における一般に公正妥当な会計と認められている中小指針の定めを適用することになる（Ⅰ5）。

中小指針は、繰延資産の償却方法について次のように定めている（中小指針41）。

- 繰延資産として資産に計上したものについては、その支出または発生の効果が発現するものと期待される期限内に原則として月割計算により相当の償却をしなければならない

なお、中小指針は、税法固有の繰延資産について、「法人税法上、償却限度額の規定があることに留意する必要がある」（中小指針41）と注意を促している。実務的には、留意しなければならない点である。

> **コラム　中小指針と「相当の償却」**
>
> 中小会計要領の固定資産の項目では、「相当の減価償却」が注目の的だ。実務への影響が一定程度あるといわれている。「相当の償却」とは、旧商法時代から会社法時代まで使われている概念。これを会計的にどのように解釈するか、中小企業の分野ではいろいろ議論があったところだ。
>
> しかし、中小会計要領は中小企業の実態に即して、本文では「相当の減価償却」の表現を用い、解説では「一般的に、耐用年数にわたって、毎期、規則的に減価償却を行うこと」をひとつの例（考え方）として見せた。本文と解説の関係はなかなか微妙だが、実務的にはこれで、長年にわたる中小企業分野の「相当の償却問題」に決着がつく道筋が見えた。
>
> さて中小指針であるが、これまで「相当の償却」の表記は避けてきたようで、1か所を除いて使用していない。この繰延資産に関する相当の償却の部分だけである。
>
> それほど「相当の償却問題」は、微妙で影響が大きかったところだ。

2 一時償却

　中小会計要領は、資産計上した繰延資産について、「支出の効果が期待されなくなったときには、資産の価値が無くなっていると考えられるため、一時に費用処理する必要があります」（Ⅱ9【解説】）と、一時償却の必要性について触れている。

　中小指針も同様であるが、ただし中小指針は、一時償却が必要な例示を付け加えている。

　すなわち、「他の者の有する固定資産を利用するために支出した費用で資産として繰り延べたものについて、次の事実が生じた場合」には、「一時に償却しなければならないものとして取り扱う」（中小指針42）。

- 当該固定資産が災害により著しく損傷したこと
- 当該固定資産が1年以上にわたり遊休状態にあること
- 当該固定資産がその本来の用途に使用することができないため、他の用途に使用されたこと
- 当該固定資産の所在する場所の状況が著しく変化したこと

　また、上記に準ずる特別の事実が生じた場合にも一時に償却しなければならないものとして取り扱うとの定めも置いている。

　上記のような場合が生じて会計処理が必要になった場合には、中小企業における一般に公正妥当な会計と認められている中小指針の定めを検討することになろう（Ⅰ5）。

7 損益計算書上の表示

　繰延資産の償却額等について、損益計算書上でどのように表示すべきかについては、本要領は特に触れていないが中小指針が繰延資産の償却額等について次のように定めている（中小指針43）ので、実務上はこれを適用することを検討することになろう。

- 償却額が営業収益との対応関係がある場合には、販売費及び一般管理費に表示
- 償却額が営業収益との対応関係がない場合には、営業外費用に表示する
- 一時償却額については、原則として特別損失に表示する

　繰延資産の償却額等の表示については、上記の記載方法を適用することになろう。

第10節 リース取引

> **中小会計要領 II 10**
>
> リース取引に係る借手は、賃貸借取引又は売買取引に係る方法に準じて会計処理を行う。

1 中小企業の会計実務のポイント

設備等の調達方法として、リース取引が普及している。リース取引は現物管理などが非常に簡便になる利点があるが、リース契約に伴う権利義務関係が複雑になる傾向がある。企業の経営成績や財政状態を把握するうえでは、会計処理をどのようにするかが重要である。

実務的には、中小規模の企業における会計では、主に次の点が取り上げられる。

- リース取引とは何か
- リース取引の要件とは何か
- リース取引はどのように会計処理すべきか

2 リース取引の概念

中小会計要領は、リース取引について、機器等の資産を賃借する場合にリース会社等からリースを行うケースを指すとしている（II 10【解説】）。こ

の表現は、わかりやすいが、やや漠としている。

　企業会計では、一般的にリース取引とは、特定の物件の所有者である貸手が当該物件の借手に対してリース期間にわたりこれを使用収益する権利を与え、これに対して借手は合意されたリース料を貸手に支払う取引をいう（リース取引に関する会計基準4）。同一内容が、中小指針においてもリース取引の定義として採用されている（中小指針74-2）。

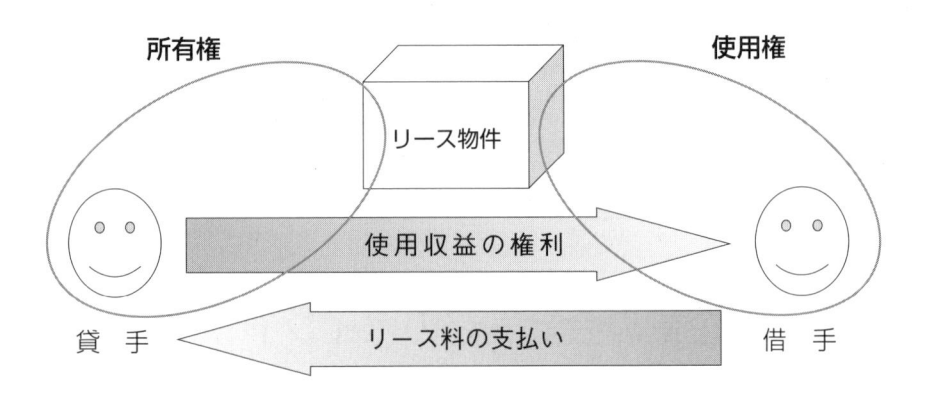

```
所有権                              使用権
        リース物件
     ──使用収益の権利──▶
貸　手  ◀──リース料の支払い──  借　手
```

　中小会計要領の解説は、こうした企業会計上のリース取引に関する定義を前提として、これを大胆に要約したものであるといえる。
　一般的にリース取引は、ファイナンス・リース取引とオペレーティング・リース取引に分類することができる。その分類に会計処理が対応しているので、以下で、その内容に触れることとしたい。

1 ファイナンス・リース取引

　中小会計要領は、ファイナンス・リース取引について特に触れていない。そこで実務的には、中小指針の定めをまず検討することになる（Ｉ5）。中小指針におけるファイナンス・リース取引に関する定めは、次のとおりである。
　リース契約に基づくリース期間の中途において契約を解除することができないリース取引またはこれに準ずるリース取引で、借手が契約に基づきリース物件からもたらされる経済的利益を実質的に享受することができ、かつ、

リース物件の使用に伴って生じるコストを実質的に負担することとなるリース取引を、ファイナンス・リース取引という（中小指針74-2）。

前段の「リース契約に基づくリース期間の中途において契約を解除することができないリース取引またはこれに準ずるリース取引」とは、法形式上は解約が可能でも、解約時に相当の違約金の支払いを要するなどの理由から、事実上は解約不能であると認められるリース取引を指す（リース取引に関する会計基準36）。

中段の「借手が契約に基づきリース物件からもたらされる経済的利益を実質的に享受する」とは、リース物件を自己所有すれば得られるであろうほぼすべての経済的利益を享受することを指す（上述）。

後段の「リース物件の使用に伴って生じるコストを実質的に負担する」とは、リース物件の取得価額相当額・維持管理費用・陳腐化に伴うリスクなどほぼすべてのコストを負担することをいう（上述）。

要するに、ファイナンス・リース取引とは、解約不能で自己所有とほぼ同様な取引を指す概念である。

2 オペレーティング・リース取引

企業会計では、オペレーティング・リース取引とは、ファイナンス・リース取引以外のリース取引をいう（リース取引に関する会計基準6）。

3 所有権移転外ファイナンス・リース取引

中小会計要領は、所有権移転外ファイナンス・リース取引について特に触れていない。そこでやはり実務的には、中小指針の定めをまず検討することになる（Ⅰ5）。中小指針における所有権移転外ファイナンス・リース取引に関する定めは、次のとおりである。

ファイナンス・リースのうち、リース契約上の諸条件に照らして、リース物件の所有権が借手に移転すると認められるもの以外の取引を、所有権移転外ファイナンス・リース取引という（中小指針74-2）。

前段の「リース物件の所有権が借手に移転すると認められるもの」を、所有権移転ファイナンス・リース取引という。

後段の（リース物件の所有権が借手に移転すると認められるもの）「以外の取引」を、所有権移転外ファイナンス・リース取引という。

❸ リース取引の会計処理

|1| 賃貸借取引の方法と売買取引に準ずる方法の、いずれでも可

中小会計要領は、リース取引の会計処理を、①賃貸借取引に係る方法と、②売買取引に係る方法に準じて会計処理する方法、この2種類があるとしている。

そのうえで中小会計要領は、リース取引にかかる会計処理は、上記の2種類の方法のいずれでもよいと設定した。すなわち、「賃貸借取引又は売買取引に係る方法に準じて会計処理を行う」（Ⅱ 10）としたのである。

リース取引の全般に関して、賃貸借取引の方法と売買取引に準ずる方法のいずれでも可能であるとの会計ルールは、他の会計ルールに比べて簡便な取扱いであり異色のものといえよう。

|2| 賃貸借取引の方法（参考）

これに対して中小指針は「所有権移転外ファイナンス・リース取引に係る借手は、通常の売買取引に係る方法に準じて会計処理を行う」（中小指針74-3）として、所有権移転外ファイナンス・リース取引の場合には、売買処理に係る方法に準じて会計処理を行うことが原則的な方法であるとしている。

ただし中小指針は、所有権移転外ファイナンス・リース取引に係る借手は「通常の賃貸借取引に係る方法に準じて会計処理を行うことができる」（中小指針74-3）として、賃貸借取引に係る方法も容認しているので、留意されたい。

3 賃貸借取引に係る方法

中小会計要領は、賃貸借取引に係る方法について、リース期間の経過とともに支払リース料を費用処理する方法であるとしている（Ⅱ10【解説】）。

小規模な企業などで採用されている方法であり、この方法が中小会計要領で認められたことの意味合いは大きいと思われる。

4 売買取引に係る方法に準じて会計処理する方法

また中小会計要領は、売買取引に係る方法に準じた会計処理とは、リース取引を通常の売買取引と同様に考える方法であるとし、その場合には「金融機関等から資金の借入を行って資産を購入した場合と同様に扱う」（Ⅱ10【解説】）ことになるとする。この方法による場合には、「リース対象物件を「リース資産」として貸借対照表の資産に計上し、借入金に相当する金額をリース債務として負債に計上する」（Ⅱ10【解説】）ことになる。

また、リース資産は、一般的に定額法で減価償却を行うことになる（Ⅱ10【解説】）。

④ 法人税法との関連

なお法人税法上は、すべての所有権移転外リース取引は売買として取り扱われ、賃借人がリース料として経理をした場合においても、その金額は償却費として経理をしたものとされることに留意する必要がある（中小指針74-3）。

⑤ 注　記

中小会計要領は、賃貸借取引に係る方法で会計処理を行った場合に、将来支払うべき金額が貸借対照表に計上されないため、金額的に重要性があるものについては、期末時点での未経過のリース料を注記することが望ましいとしている（Ⅱ10【解説】）。

第11節 引当金

中小会計要領Ⅱ11

(1) 以下に該当するものを引当金として、当期の負担に属する金額を当期の費用又は損失として計上し、当該引当金の残高を貸借対照表の負債の部又は資産の部に記載する。
- 将来の特定の費用又は損失であること
- 発生が当期以前の事象に起因すること
- 発生の可能性が高いこと
- 金額を合理的に見積ることができること

(2) 賞与引当金については、翌期に従業員に対して支給する賞与の見積額のうち、当期の負担に属する部分の金額を計上する。

(3) 退職給付引当金については、退職金規程や退職金等の支払いに関する合意があり、退職一時金制度を採用している場合において、当期末における退職給付に係る自己都合要支給額を基に計上する。

(4) 中小企業退職金共済、特定退職金共済、確定拠出年金等、将来の退職給付について拠出以後に追加的な負担が生じない制度を採用している場合においては、毎期の掛金を費用処理する。

❶ 中小企業の会計実務のポイント

中小企業の決算書の多くは、税法ベースで作成されているのが実態である

ともいわれる。その場合、税法で認められていない引当金は、簿外負債となるおそれがある。そこで、将来の費用や損失の発生に備えた合理的な見積額のうち当期の負担に属する金額を費用・損失として繰り入れることにより計上される引当金について、会計処理をどのようにするかが問題となる。

実務的には、中小規模の企業における会計では、主に次の点が取り上げられる。

- 引当金とは何か、どのような種類があるか
- 引当金の設定要件とは何か
- 引当金はどのように計算するのか
- 引当金の計上はどのように行うか

❷ 引当金の概要

中小会計要領は、引当金の概念について直接の定めを置いてはいない。そこで、一般的な企業会計の考え方を理解するために、企業会計原則の引当金に関する定めを見てみよう。

企業会計原則は、将来の特定の費用または損失であって、その発生が当期以前の事象に起因し、発生の可能性が高く、かつその金額を合理的に見積もることができる場合には、当期の負担に属する金額を当期の費用または損失として引当金に繰り入れ、当該引当金の残高を貸借対照表の負債の部または資産の部に記載する（企業会計原則注解18）と定めている。

なお、発生の可能性の低い偶発事象に係る費用または損失については、引当金を計上することはできないことも示している。

1 引当金の設定目的

こうした引当金の設定目的は、第一に適正な経営成績を明らかにするためである。すなわち、適正な期間損益計算を行うために、当期の収益に対応する引当金の設定要件を満たした金額を費用（損失）として計上しようとする

のである。第二に財政状態を適正に表示するためである。すなわち、決算時点における貸借対照表価額を明らかにするために、引当金の設定要件を満たした金額を引当金として計上しようとするのである

2 引当金の設定要件

中小会計要領は、以下の4つの要件を満たす場合には、財政状態を適正に表示するために負債の計上（または資産からの控除）が必要であると考えられ、合理的に見積って計上することになるとしている（Ⅱ 11【解説】）。

ここで中小会計要領が設定する引当金の設定要件は次の4つである（Ⅱ 11 (1)）。

- 特定性：将来の特定の費用または損失であること
- 起因性：発生が当期以前の事象に起因すること
- 確実性：発生の可能性が高いこと
- 合理性：金額を合理的に見積もることができること

この引当金の4つの設定要件は、企業会計の一般的な慣行と同様である。中小指針も同様である（中小指針48）。

3 重要性の乏しい場合

中小会計要領は「金額的に重要性が乏しいものについては、計上する必要はありません」（Ⅱ 11【解説】）としている。なお、中小指針には、引当金に関して重要性に係わる規定は設けられていない。中小会計要領が、中小企業の実務を念頭に置いた実効性のあるルールを志向していることがわかる。

③ 引当金の種類

中小会計要領は、引当金の種類として、貸倒引当金、賞与引当金、退職給付引当金、返品調整引当金などの引当金を例示しているにすぎない（Ⅱ 11

【解説】)。

しかし、引当金の設定要件を満たす場合には、当然に引当金の計上が必要になる。

たとえば中小指針は、貸倒引当金、返品調整引当金、賞与引当金、退職給付引当金、製品保証引当金、売上割戻引当金、工事補償引当金、修繕引当金、特別修繕引当金、債務保証損失引当金、損害補償損失引当金、役員賞与引当金、工事損失引当金などの引当金を例示している（中小指針49(3)）。

また、企業会計原則は、製品保証引当金、売上割戻引当金、返品調整引当金、賞与引当金、工事補償引当金、退職給与引当金、修繕引当金、特別修繕引当金、債務保証損失引当金、損害補償損失引当金、貸倒引当金などの引当金を例示している（企業会計原則注解18）。

❹ 賞与引当金

引当金に多くの種類があるなかで、中小会計要領は、中小企業の実態の即してその実務に比較的影響が大きいと思われる引当金として、賞与引当金と退職給付引当金のふたつを掲げて解説を加えている。

まず賞与引当金については、翌期に従業員に対して支給する賞与の見積額のうち、当期の負担に属する部分の金額を引当金として計上すると定めている（Ⅱ11(2)）。

1 計上額

賞与引当金の計上額については、「翌期に従業員に対して支給する賞与の支給額を見積り、当期の負担と考えられる金額を引当金として費用計上します」（Ⅱ11【解説】）と、中小会計要領の基本的な考え方を示している。

2 計算方法

そのうえで計算方法として、「決算日後に支払われる賞与の金額を見積

り、当期に属する分を月割りで計算して計上する方法が考えられます」（Ⅱ11【解説】）としている。

具体的には、次の算式を例示して実務の便宜のために供している。

- 下記の〈参考〉に記載している算式は、従来、法人税法で用いられていた算式であり、これもひとつの方法として考えられる。

参考　支給対象期間基準の算式

$$繰入額 = \left[前1年間の1人当たりの使用人等に対する賞与支給額 \times \frac{当期の月数}{12} - 当期において期末在職使用人等に支給した賞与の額で当期に対応するものの1人当たりの賞与支給額 \right] \times 期末の在職使用人等の数$$

5 退職給付引当金

中小会計要領が中小企業の実態の即してその実務に比較的影響が大きいと思われる引当金として掲げる2つ目は、退職給付引当金である。

1 計上要件

退職給付引当金について中小会計要領は、退職金規程や退職金等の支払いに関する合意があり、退職一時金制度を採用している場合に、当期末における退職給付に係る自己都合要支給額を基に計上すると定めている（Ⅱ11(3)）。

2 計上額

退職給付引当金の計上額については、次の方法を例示している。

- 「退職一時金制度」を採用している場合には、決算日時点で、従業員全員が自己都合によって退職した場合に必要となる退職金の総額を基礎として、例えば、その一定割合を退職給付引当金として計上する方法が考

えられます（Ⅱ11【解説】）

3 計算方法

ここでいう「一定割合」については、個々の企業の実態に即して個別具体的に決めることになると思われる。実務的には、従来、法人税法が採用していた一定割合などを参考にすることも選択肢のひとつである。

4 退職給付引当金の計上が不要の場合

なお、中小会計要領は、中小企業退職金共済や特定退職金共済あるいは確定拠出年金等といった、将来の退職給付について拠出以後に追加的な負担が生じない制度を採用している場合には、毎期の掛金を費用処理する（Ⅱ11⑷）ことを求めている。

このような外部の機関に掛金を拠出し、将来に追加的な退職給付に係る負担が見込まれない制度を採用している場合には、毎期の掛金を費用として処理し、退職給付引当金は計上されないこととなる（Ⅱ11【解説】）。

第12節 外貨建取引等

中小会計要領 II 12

(1) 外貨建取引（外国通貨建で受け払いされる取引）は、当該取引発生時の為替相場による円換算額で計上する。
(2) 外貨建金銭債権債務については、取得時の為替相場又は決算時の為替相場による円換算額で計上する。

1 中小企業の会計実務のポイント

　グローバル化が進行するなか、中小企業においても外貨建取引等が発生することが当たり前になってきた。また、変動相場制が採用されている今日においては、変動する為替相場をどのように用いるかも重要な問題となってきた。企業の財政状態及び経営成績を適切に把握するために、こうした外貨建取引等に関する会計ルールを理解し実務に反映することが欠かせない。
　実務的には、中小規模の企業における会計では、主に次の点が取り上げられる。
- 外貨建取引とは何か、どのように処理すべきか
- 換算レートとは何か、どのような種類があるか
- 決算時の処理とは何か、どのように処理すべきか
- 為替予約とは何か、どのように処理すべきか

❷ 外貨建取引の概念

　中小会計要領は、外貨建取引について、外国通貨建で受け払いされる取引であるとしている（Ⅱ 12⑴）。また表現を変えて、決済が円以外の外国通貨で行われる取引をいうと解説している（Ⅱ 12【解説】）。
　ところで企業会計では、「外貨建取引とは取引価額が外貨建で表示されている取引をいう」とするのが一般的である（外貨建取引等会計処理基準注解1）。だが、両者の定義に実務上の本質的な違いはないと解される。なお、中小指針は、外貨建取引の定義を示してはいない。
　外貨建取引については、どの時点の換算レートを適用して換算すべきかが、変動相場制のもとでは重要な問題となってきた。

❸ 外貨の換算

　外貨の換算に際して、どのような為替相場を選択し適用するかが問題であるが、企業会計はいくつかの方法を提供している。一般的には、流動・非流動法、貨幣・非貨幣法、決算日レート法などといった方法である。以下で、その概要を駆け足で見ておこう。
　流動・非流動法とは、流動項目は決算時の為替相場（以下、CR）で換算し、非流動項目は取引発生時の為替相場（以下、HR）で換算する方法である。
　貨幣非貨幣法とは、貨幣項目はCRで換算し、非貨幣項目はHRで換算する方法である。
　決算日レート法とは、すべての項目をCRで換算する方法である（ただし在外支店の本店勘定・在外子会社の資本勘定は除く）。

❹ 為替相場

　HRといっても、次のような為替相場がある（外貨建取引等会計処理基準注

解2）。
- 取引発生時の相場
    取引が発生した日における直物為替相場
- 平均相場
    合理的な基礎に基づいて算定された平均相場
    ※　たとえば、取引の行われた月（週）の前月（週）の直物為替相場の平均値など、直近の一定の日における直物為替相場に基づいて算出されたもの
- 直近一定日の相場
    取引が発生した日の直近の一定の日における直物為替相場
    ※　たとえば、取引の行われた月（週）の前月（前週）の末日の直物為替相場、または当月（当週）の初日の直物為替相場

またCRについても、次のような為替相場がある（外貨建取引等会計処理基準注解8）。
- 決算時の相場
    決算日の直物為替相場
- 平均相場
    決算日の前後一定期間の直物為替相場に基づいて算出された平均相場

中小会計要領は、為替相場について、取引発生時の為替相場、直近の一定期間の為替相場、直近の一定の日の為替相場といった為替相場を示して、それらの利用が考えられるとしている（Ⅱ12【解説】）。

5 取引発生時の会計処理

1 HRで換算する

中小会計要領は、外貨建取引は取引発生時の為替相場（HR）で換算するとしている。

「外貨建取引……は、当該取引発生時の為替相場による円換算額で計上」

する（Ⅱ 12(1)）。

そのうえで、具体的な会計処理について、次のように解説している。

- たとえば、ドル建で輸出を行った場合、ドル建の売上金額に、取引を行った時のドル為替相場を乗じて円換算し、売上高と売掛金を計上します（Ⅱ 12【解説】）

2 HRの適用

為替相場の具体的な適用については、中小会計要領は次のように解説を加えている。

- 取引発生時のドル為替相場は、取引が発生した日の為替相場のほか、前月の平均為替相場等直近の一定期間の為替相場や、前月末日の為替相場等直近の一定の日の為替相場を利用することが考えられます（Ⅱ 12【解説】）

コラム　中小指針の取引発生時の換算

中小指針も中小会計要領と同様に、外貨建取引はHRで換算すると定めている。すなわち「外貨建取引は、原則として、当該取引発生時の為替相場による円換算額をもって記録する」（中小指針 75）としている。

だが、中小指針は、取引発生時の具体的な会計処理や換算レートの具体的な適用については特段の定めを置いていない。

中小会計要領が経営者が理解できるよう、簡便な処理とはいえ丁寧に解説を加えている姿がそこには見て取れる。

---

6 決算時の会計処理

1 HRまたはCRで換算する

一般的には、期末時点には、①外国通貨が残っている場合と、②外貨建金

銭債権債務等の金融商品が残っている場合の2つのケースが考えられる。

しかし中小会計要領は、外貨建金銭債権債務についてだけ触れている。そのうえで、期末に残っている外貨建金銭債権債務については、取得時の為替相場（HR）か、あるいは決算時の為替相場（CR）のいずれかで換算するとしている。

- 外貨建金銭債権債務については、取得時の為替相場または決算時の為替相場による円換算額で計上する（Ⅱ 12⑵）

> **参考　外国通貨の換算**
>
> 中小会計要領は、期末時点の換算で外国通貨の場合に触れていない。そこで中小会計要領に記載がない場合の実務的な対応としては、中小指針の定めをまず検討することになる（Ⅰ 5）。
>
> 中小指針は「外国通貨については、決算時の為替相場による円換算額を付す」（中小指針76）としている。そこで中小会計要領によって計算書類を作成する場合でも、外国通貨についてはCRで換算することになると考えられる。

2 適　用

中小会計要領は、期末時点の具体的な会計処理について、次のように解説を加えている。

- ドル建の売上取引に関する売掛金が、期末時点でも残っている場合は、貸借対照表に記載する金額は、取引を行った時のドル為替相場による円換算額か、決算日の為替相場による円換算額かのいずれかで計上します（Ⅱ 12【解説】）

なお、決算日の為替相場による円換算額の適用に際して、決算日の為替相場のほか、決算日の前後一定期間の平均為替相場を利用することも考えられると中小会計要領は補足している。

7 為替予約の会計処理

中小会計要領では、外貨建取引は取引発生時の為替相場（HR）によって換算することが原則的な処理である（Ⅱ 12(1)）。

しかし、為替予約によって将来の外貨と円の交換時の為替相場をあらかじめ金融機関との間で約定している場合には、決済時の換算額が既に確定しているといえる。そこで為替予約を行っている場合の処理として、中小会計要領は次のように定めている。

- 為替予約を行っている場合には、外貨建取引及び外貨建金銭債権債務について、決済時における確定の円換算額で計上することができます（Ⅱ 12【解説】）

> **参考　中小指針における為替予約**
>
> 中小指針は、為替予約についての一般的な定めを置いていない。ただし、ヘッジ会計との関連で次のように触れている。
>
> 「外貨建取引に係る外貨建金銭債権債務と為替予約等との関係がヘッジ会計の要件を充たしている場合には、当該外貨建取引についてヘッジ会計を適用することができる。また、為替予約等により確定する決済時における円貨額により金銭債権債務等を換算し直物相場との差額を期間配分する方法（振当処理）によることもできる」（中小指針 78）。

8 換算差額の会計処理

外貨建取引の換算処理には、取引に係る外貨建取引と、代金の決済に係る決済取引とが含まれていると考えられる。

1 2つの会計処理方法

この点に関しては、両者をあたかも１つの取引とみなす会計処理方法（一取引基準）と、別々の取引とみなす会計処理（二取引基準）がある。

外貨建取引等に関する会計基準である「外貨建取引等会計処理基準」は、二取引基準を採用している。そのうえで、取引の決済によって生じる決済損益と、決算時における換算によって生じる換算損益について、いずれをも換算差損益として処理すると定めている（外貨建取引等会計処理基準一2・3）。

2 為替差損益

中小会計要領は、換算差額の会計処理について次のように定めている。
- 決算日の為替相場によった場合には、取引を行った時のドル為替相場による円換算額との間に差額が生じますが、これは為替差損益として損益処理します（Ⅱ 12【解説】）

ここでは、決算時における換算によって生じる換算損益についてだけ例示し、それを為替差損益として処理するとしているのである。しかし、取引の決済によって生じる決済損益も、当然に為替差損益として処理することが予定されていると考えられる。

なお中小指針は、換算差額の会計処理について、基本的には中小会計要領と同様に定めている（中小指針77）。

❾（参考）法人税法との関係

中小指針は外貨建取引等に関する会計処理に関して、法人税法との関係につき実務の参考のために次のように示している（中小指針79）。
- 会計処理が特殊な項目を除き決算時の為替相場により換算するのに対して、法人税法は外貨建資産等の期末換算に関して、外貨建資産等を1年基準により短期と長期とに分類したうえで、期末換算の方法を規定している
- しかし、外貨建その他有価証券を除き、換算方法等を税務署長に届け出ることにより、本指針の会計処理と法人税法上の取扱いを一致させるこ

とができる

　そのうえで、外貨建資産等の区分ごとに、中小指針における換算方法と法人税法上の換算方法を比較対照する一覧表を提供している。その概要は次のとおりである。

外貨建資産等の区分	法人税法上の換算方法	会計上の換算方法
●外国通貨	CR	CR
●外貨預金		
短　期	CR（法定換算方法）or HR	CR
その他	CR or HR（法定換算方法）	CR
●外貨建債権債務		
短　期	CR（法定換算方法）or HR	CR
その他	HR（法定換算方法）or CR	CR
●外貨建有価証券		
売買目的	CR	期末時価＋CR
それ以外		
○償還期限・償還金額あり	HR（法定換算方法）or CR	α（＊1）
○償還期限・償還金額なし	HR	期末時価＋CR
○子会社＆関連会社の株式	HR	取得時価＋HR

＊1　α：満期保有目的の場合は、取得時価 or 償却原価を CR で換算。満期保有目的外の場合は、期末時価を CR で換算
＊2　「中小企業の会計に関する指針（平成23年版）」79 の図表をもとに加工

第13節 純資産

中小会計要領 II 13

(1) 純資産とは、資産の部の合計額から負債の部の合計額を控除した額をいう。
(2) 純資産のうち株主資本は、資本金、資本剰余金、利益剰余金等から構成される。

① 中小企業の会計実務のポイント

　株式会社の本来の姿は、株主から資金を調達し、運用することで利益を獲得し、株主に分配することをめざす組織体である。純資産は、そうした株式会社の経済活動を測定し報告する中心的な対象である。また、純資産をめぐる法規制は会社法会計と密接に結びついている。

　そこで、純資産を単に資産と負債の差額概念と理解することに留まるのではなく、経営の最も本質的な問題を明らかにする対象と捉えることが重要である。

　実務的には、中小規模の企業における会計では、主に次の点が取り上げられる。

- 純資産とは何か、その構成はどのようであるか
- 資本金とは何か
- 剰余金とは何か

- 自己株式とは何か

❷ 純資産の概要

　中小会計要領は、純資産について、資産の部の合計額から負債の部の合計額を控除した額をいうと定義している（Ⅱ13⑴）。

　中小指針も、中小会計要領と同様である。

❸ 株主資本

　中小会計要領は、株主資本について、資本金、資本剰余金、利益剰余金等から構成されるとしている（Ⅱ13⑵）。

　中小指針も、中小会計要領と同様である。

❹ 資本金

　中小会計要領は、資本金について、原則として、株主から会社に払い込まれた金額をいうと定義している（Ⅱ13【解説】）。そのうえで、次のように解説を加えている。

- 設立または株式の発行に際して、株主から会社に払い込まれた金額は、資本金に計上しますが、会社法の規定に基づき、払込金額の2分の1を超えない額については、資本金に組み入れず、資本剰余金のうち資本準備金として計上することができます

　中小指針も、中小会計要領と同様である。

⑤ 資本剰余金

　中小会計要領は資本剰余金について、原則として、株主から会社に払い込まれた金額をいうと定義している（Ⅱ13【解説】）。そのうえで、資本剰余金の区分表示について、次のように解説している。

- 資本剰余金は、会社法上、株主への分配が認められていない資本準備金と、認められているその他資本剰余金に区分されます（Ⅱ13【解説】）
- 設立または株式の発行に際して、株主から会社に払い込まれた金額は、資本金に計上しますが、会社法の規定に基づき、払込金額の2分の1を超えない額については、資本金に組み入れず、資本剰余金のうち資本準備金として計上することができます（Ⅱ13【解説】）

　中小指針も、中小会計要領と同様である。

参考　中小指針における資本剰余金

　中小指針は資本剰余金について、次のように解説を加えている。

- 資本剰余金は、資本取引から生じた剰余金であり、以下の2つに区分する。
  ① 資本準備金
  　　増資による株式の払込金額のうち資本金に組み入れなかった株式払込剰余金等、会社法第445条第2項により、資本準備金として積み立てることが必要とされているもの及びその他資本剰余金から配当する場合で、利益準備金と合わせて資本金の額の4分の1に達していないときに計上しなければならないもの（会445④）等である。
  ② その他資本剰余金
  　　資本剰余金のうち、会社法で定める資本準備金以外のものである。資本金及び資本準備金の取崩しによって生じる剰余金（資本金及び資本準備金減少差益）及び自己株式処分差益が含まれる。

❻ 利益剰余金

　中小会計要領は、利益剰余金について、原則として、各期の利益の累計額から株主への配当等を控除した金額をいうと定義している（Ⅱ13【解説】）。そのうえで、利益剰余金の区分表示について、次のように解説している。
- 利益剰余金は、会社法上、株主への分配が認められていない利益準備金と、認められているその他利益剰余金に区分されます
- その他利益剰余金は、任意積立金と繰越利益剰余金に区分されます

　また、配当に関する準備金の計上について、次のように示している。
- 配当を行った場合、会社法の規定により一定額を資本準備金または利益準備金に計上する必要があります

　繰越利益剰余金について、次のように示している。
- 各期の利益の累計額から株主への配当等を控除した金額は、繰越利益剰余金に計上されます

　任意積立金について、次のように示している。
- 株主総会または取締役会の決議により任意積立金を設定することができます

　このように、純資産に関する中小会計要領の規定によって、新たな対応が迫られることはないといえよう。ただし、中小企業の実態は、会社法の定めに照らして、必ずしも適正であるとはいえないともいわれる。そうした問題が集約するのが、実はこの純資産の部分である。
　実務的にも、単なる手続としてではなく、法の趣旨に照らして進めることが重要である。

> **参考** 中小指針における利益剰余金

中小指針は利益剰余金について、次のように示している（中小指針68⑵）。

利益剰余金は、利益を源泉とする剰余金（すなわち利益の留保額）であり、以下の2つに区分される。

① 利益準備金

その他利益剰余金から配当する場合、資本準備金の額と合わせて資本金の額の4分の1に達していないときは、達していない額の利益剰余金配当割合（配当額のうちその他利益剰余金から配当する割合）か配当額の10分の1の額の利益剰余金配当割合のいずれか小さい額を計上しなければならない（会445④）。

利益準備金の額の減少により生じた「剰余金」は、減少の法的手続が完了したとき（会448及び会449）に、その他利益剰余金（繰越利益剰余金）に計上する。

② その他利益剰余金

その他利益剰余金のうち、任意積立金（会社が独自の判断で積み立てるもので、特に目的を限定しない別途積立金、目的を限定した修繕積立金等、及び税法上の特例を利用するために設ける圧縮積立金や特別償却準備金等）のように、株主総会又は取締役会の決議に基づき設定される項目については、その内容を示す項目をもって区分し、それ以外については、「繰越利益剰余金」に区分する。

その他利益剰余金と株主資本等変動計算書の関連について、次のように示している。

- 「純資産の部の一会計期間における変動額のうち、主として、株主資本の各項目の変動事由を報告するために株主資本等変動計算書を作成する」（中小指針「純資産」要点）
- 「なお、株主資本等変動計算書において、前期末のその他利益剰余金に当期純損益や配当額などの当期の変動額を加減して当期末のその他利益剰余金が示される」（中小指針68）

7 評価・換算差額等

　中小会計要領は、純資産を構成する評価・換算差額等については、特段の定めを置いていない。必要な会計処理の方法が中小会計要領に示されていない場合は、「企業の実態等に応じて……一般に公正妥当と認められる企業会計の慣行の中から選択して適用する」（中小会計要領Ⅰ5）ことが必要となる。

　その際、中小企業の場合にはまず中小指針において該当する会計処理等がないか検討することになろう。中小指針は、中小企業における一般に公正妥当な企業会計の慣行であるとされているからである（中小指針「総論」目的）。

　中小指針は、評価・換算差額等について、区分表示の点から次のように示している（中小指針「純資産」）。

- 株主資本以外の各項目は、評価・換算差額等、新株予約権に区分する

そのうえで、次のように解説を加えている。

- 評価・換算差額等は、その他有価証券評価差額金や繰延ヘッジ損益等、資産または負債に係る評価差額を当期の損益にしていない場合の評価差額（税効果考慮後の額）をその内容を示す項目をもって計上する（中小指針69）

第14節 注　記

中小会計要領Ⅱ14

(1) 会社計算規則に基づき、重要な会計方針に係る事項、株主資本等変動計算書に関する事項等を注記する。
(2) 本要領に拠って計算書類を作成した場合には、その旨を記載する。

1 中小企業の会計実務のポイント

　企業の経営成績や財政状態は、損益計算書や貸借対照表などを通じて基本的には把握される。だが、企業の状況を正確に判断するためには、損益計算書や貸借対照表などを通じた情報だけでは十分とはいえない。そこで、計算書類の作成のために企業が採用した重要な会計方針などを、その補完情報として提供することが求められるようになってきた。

　会社法では、個別注記表に補完情報としての役割を担わせ、これを計算書類のひとつとして位置づけ、損益計算書などと同様の重要な役割を果たすことを求めている。

　実務的には、中小規模の企業における会計では、主に次の点が取り上げられる。

- 注記表とは何か、その構成はどのようであるか
- 注記表の記載内容はどのようであるか
- 重要な会計方針とは何か、どのように記載をすべきか

- その他の注記すべき事項には、どのようなものがあるか

❷ 注記表の概要

　決算書（計算書類）は、①経営者が企業の経営成績や財政状態を自ら把握するため、②企業の外部の利害関係者に経営成績や財政状態を伝えるため、といった目的で作成される。決算書のうち貸借対照表・損益計算書・株主資本等変動計算書の情報を補足するために、一定の注記を記載する必要があると、中小会計要領は示している（Ⅱ14【解説】）。

　具体的には、会社計算規則に基づいて、重要な会計方針に係る事項や株主資本等変動計算書に関する事項などを注記することが必要であるとしている（Ⅱ14(1)）。

❸ 会社計算規則が求める注記

　中小会計要領の各論は、ここまでの13の項目は会計処理等を中心にしたルールであったが、この14番目の注記の項目は、これまでと異なり会社法が求める事項を中心にした記述となっている。

　そこで、まず注記に関する会社計算規則の規定を整理しておこう。

1 注記表の位置づけ

会社法における注記表の位置づけは、次のとおりである。
- 株式会社は、法務省令で定めるところにより、各事業年度に係る計算書類（貸借対照表、損益計算書その他株式会社の財産及び損益の状況を示すために必要かつ適当なものとして法務省令で定めるものをいう……）及び事業報告ならびにこれらの附属明細書を作成しなければならない（会435②）
- 会社法435条2項に規定する法務省令で定めるものは、この編の規定に従い作成される株主資本等変動計算書及び個別注記表とする（会計規59①）

このように会社法では、計算書類として、貸借対照表・損益計算書・株主資本等変動計算書・個別注記表の4つを定めている。個別注記表は、単なる参考資料ではなく、計算書類のひとつとして重要な役割を果たすことが期待されていることに注意していただきたい。

2 注記表の内容

会社計算規則が求める注記表の内容は、次のとおり19項目に及んでいる（会計規98①）。

「一　継続企業の前提に関する注記
　二　重要な会計方針に係る事項……に関する注記
　三　会計方針の変更に関する注記
　四　表示方法の変更に関する注記
　五　会計上の見積りの変更に関する注記
　六　誤謬の訂正に関する注記
　七　貸借対照表等に関する注記
　八　損益計算書に関する注記
　九　株主資本等変動計算書……に関する注記
　十　税効果会計に関する注記
　十一　リースにより使用する固定資産に関する注記
　十二　金融商品に関する注記
　十三　賃貸等不動産に関する注記
　十四　持分法損益等に関する注記
　十五　関連当事者との取引に関する注記
　十六　一株当たり情報に関する注記
　十七　重要な後発事象に関する注記
　十八　連結配当規制適用会社に関する注記
　十九　その他の注記　」

しかし、中小企業の場合には（公開会社である場合を除くが）、上記のうちの6項目だけに限定される。すなわち、上記の2号の重要な会計方針に係る事項に関する注記、3号の会計方針の変更に関する注記、4号の表示方法の変更に関する注記、5号の株主資本等変動計算書に関する注記、6号の誤謬の訂正に関する注記、19号のその他の注記、の6項目である（会計規9②）。

> **参考　中小企業の注記表に関する会社計算規則の規定**
>
> 中小企業の場合に注記が3項目に限定されている根拠は、次の規定である（会計規98②）。
>
> 　第98条　略
> 　2　次の各号に掲げる注記表には、当該各号に定める項目を表示することを要しない。
> 　　一　会計監査人設置会社以外の株式会社（公開会社を除く。）の個別注記表　前項第一号、第五号、第七号、第八号及び第十号から第十八号までに掲げる項目
> 　　二　会計監査人設置会社以外の公開会社の個別注記表　前項第一号、第五号、第十四号及び第十八号に掲げる項目
> 　　三　以下略

❹ 重要な会計方針に係る事項

中小会計要領は、重要な会計方針に係る注記事項について、次のように示している。

- 重要な会計方針に係る事項は、有価証券や棚卸資産の評価基準及び評価方法、固定資産の減価償却の方法、引当金の計上基準等を記載します（Ⅱ14【解説】）

そのうえで、具体的な記載内容については様式集において示している。該当のところ（Ⅲ「様式集」個別注記表）を参照されたい。

❺ 株主資本等変動計算書に関する事項

中小会計要領は、株主資本等変動計算書について、次のように示している（Ⅱ 14【解説】）。

- 株主資本等変動計算書に関する注記は、決算期末における発行済株式数や配当金額等を記載します

そのうえで、具体的な記載内容についてはⅢの様式集において示している。該当箇所（Ⅲ「様式集」個別注記表）を参照されたい。

❻ 会計方針の変更等に関する事項

中小会計要領は、会計方針の変更等について、次のように示している（Ⅱ 14【解説】）。

- 会計方針の変更または表示方法の変更もしくは誤謬の訂正を行ったときには、その変更内容等を記載します

そのうえで、具体的な記載内容については様式集において示している。該当箇所（Ⅲ「様式集」個別注記表）を参照されたい。

❼ 貸借対照表に関する事項

中小会計要領では、貸借対照表に関する注記として、「受取手形割引額及び受取手形裏書譲渡額」を注記することとしている。また、「未経過リース料」についても注記することが望まれるとしている（Ⅱ 14【解説】）。

そのうえで、具体的な記載内容については様式集において示している。該当箇所（Ⅲ「様式集」個別注記表）を参照されたい。

❽ その他の注記

中小会計要領は、その他の注記に係る事項について、次のように示している（Ⅱ 14【解説】）。

- その他貸借対照表、損益計算書及び株主資本等変動計算書により会社の財産または損益の状態を正確に判断するために必要な事項を注記します。たとえば、担保資産に関する注記が考えられます

そのうえで、具体的な記載内容については様式集において示している。該当箇所（前同「個別注記表」）を参照されたい。

❾ 本要領によることの注記

中小会計要領は、本要領によることの注記について、次のように示している（Ⅱ 14【解説】）。

- その企業がどのような会計ルールを適用しているかという情報は、利害関係者にとってその企業の経営成績や財政状態を判断する上で重要な情報であり……本要領に拠って計算書類を作成した場合には、その旨を記載することが考えられます。この記載は、利害関係者に対して、決算書の信頼性を高める効果も期待されます

そのうえで、具体的な記載内容については様式集において示している。該当箇所（Ⅲ「様式集」個別注記表）を参照されたい。

第4章
様式集

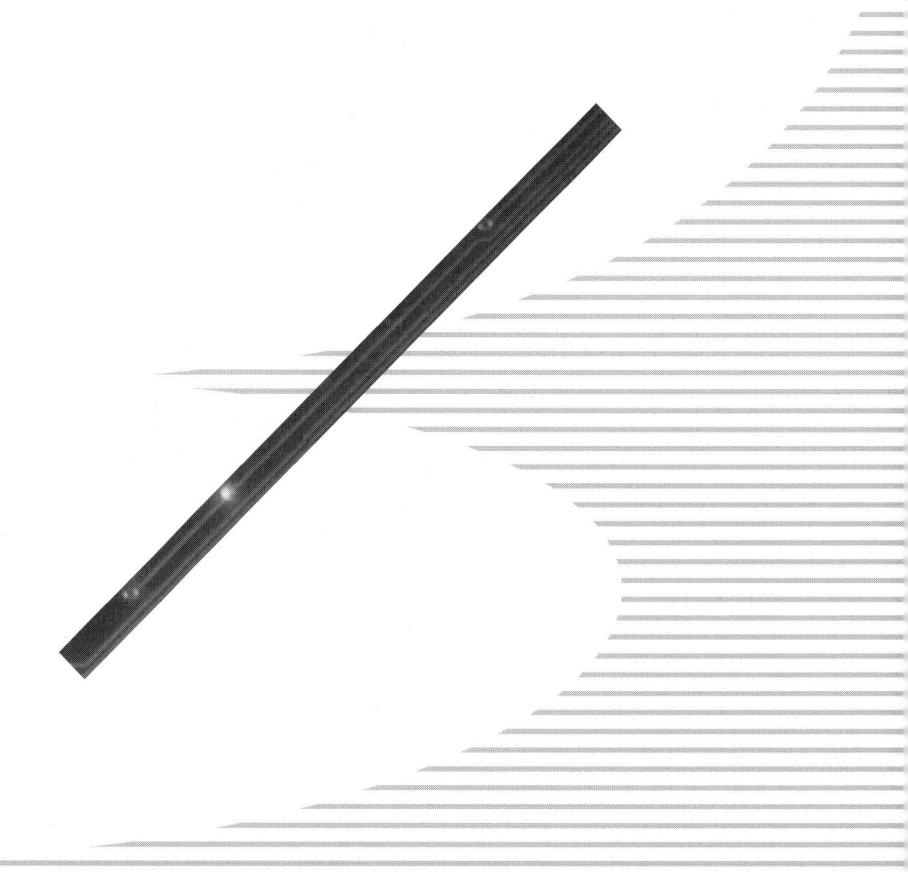

第1節 会社法が定める計算書類等

いわゆる「決算書」の体系は、根拠となる制度や法律によって若干異なる。実務の便宜のために、会社に関係する決算書の体系を、事業年度の場合を例にとって掲げる。

1 会社法の体系

会社法が定める計算書類及び附属明細書は、次のとおりとなっている（会435②、会計規59①）。

- 計算書類
  - 貸借対照表
  - 損益計算書
  - 株主資本等変動計算書
  - 個別注記表
- 附属明細書

2 法人税法の体系

法人税法が定める確定申告書の添付書類は、次のとおりとなっている（法法74③、法規35）。

- 貸借対照表
- 損益計算書
- 株主資本等変動計算書

- 勘定科目内訳明細書
- 法人の事業等の概況に関する書類

③ 金融商品取引法

　金融商品取引法が定める財務諸表及び附属明細表は、次のとおりとなっている（金商法193、財務諸表等規則1）。
- 財務諸表
  - 貸借対照表
  - 損益計算書
  - 株主資本等変動計算書
  - キャッシュ・フロー計算書
- 附属明細表

④ 企業会計原則の体系

　企業会計原則が掲げる財務諸表は、次のとおりとなっている。
- 損益計算書
- 貸借対照表

　中小会計要領が様式集において掲げる、貸借対照表・損益計算書・株主資本等変動計算書・個別注記表は会社法が定める計算書類に対応するものとなっている。

　また会社法が定める計算書類の附属明細書に対応するものとして、販売費及び一般管理費の明細・製造原価明細書が掲げられている。

　なお、記載上の注意が掲げられているが、これは計算書類とその附属明細書についての記載上の留意点を示したものである。

第2節 中小会計要領が掲げる様式

中小会計要領が掲げる様式は、次のとおりなっている。
- 貸借対照表
- 損益計算書
- 株主資本等変動計算書
- 個別注記表
- 製造原価明細書
- 販売費及び一般管理費の明細

1 貸借対照表

中小会計要領は、貸借対照表について、多くの中小企業の実務において必要と考えられる勘定科目（項目）に絞ったうえで次頁の様式例を掲げている。

1 金額表示

中小会計要領は、貸借対照表における金額の表示方法について特段の定めを置いていない。

ただし、会社計算規則は「計算関係書類に係る事項の金額は、一円単位、千円単位又は百万円単位をもって表示するものとする」（会計規57①）と定めているので、実務的にはこの定めに基づいて金額表示することになる。

貸借対照表
(平成○○年○月○日現在)

(単位:円(又は千円))

項目	金額	項目	金額	
(資産の部)		(負債の部)		
Ⅰ 流動資産		Ⅰ 流動負債		
現金及び預金	○○	支払手形	○○	
①｛受取手形	○○	買掛金	○○	
売掛金	○○	①｛短期借入金	○○	
③　有価証券	○○	未払金	○○	
製品及び商品	○○	預り金	○○	
④｛仕掛品	○○	⑤　未払費用	○○	
原材料及び貯蔵品	○○	①　未払法人税等	○○	
①　短期貸付金	○○	⑤　前受収益	○○	
⑤｛前払費用	○○	⑧　賞与引当金	○○	
未収益	○○	その他	○○	
その他	○○	流動負債合計	○○○	
②　貸倒引当金	△○○			
流動資産合計	○○○	Ⅱ 固定負債		
		①｛社債	○○	
Ⅱ 固定資産 ・・・⑥		長期借入金	○○	
(有形固定資産)		⑧　退職給付引当金	○○	
建物	○○	その他	○○	
構築物	○○	固定負債合計	○○○	
機械及び装置	○○			
工具、器具及び備品	○○			
土地	○○			
その他	○○	負債合計	○○○	
		(純資産の部)		
(無形固定資産)	○○	Ⅰ 株主資本		
ソフトウェア	○○	資本金	○○	(A)
借地権	○○	資本剰余金		
その他	○○	資本準備金	○○○	(B)
		その他資本剰余金	○○○	(C)
(投資その他の資産)	○○	資本剰余金合計	○○○	(D)
③｛投資有価証券	○○	利益剰余金		
関係会社株式	○○	利益準備金	○○○	(E)
出資金	○○	その他利益剰余金		
①　長期貸付金	○○	××積立金	○○○	(F)
⑦　長期前払費用	○○	繰越利益剰余金	○○○	(G)
その他	○○	利益剰余金合計	○○○	(H)
②　貸倒引当金	△○○	自己株式	△○○	(I)
固定資産合計	○○○	株主資本合計	○○○	(J)
Ⅲ 繰延資産				
⑦　開発費	○○			
繰延資産合計	○○	純資産合計	○○○	(K)
資産合計	○○○	負債・純資産合計	○○○	

純資産の部(A)~(K)の表記は、株主資本等変動計算書上の(A)~(K)に対応。
表中①~⑧の表記は、本要領の目次における様式集対応勘定科目を示す。

2 表示方法

(1) 一般的な表示区分の原則

　企業会計においては、貸借対照表の表示区分について、貸借対照表の流動項目や固定項目の区分に関する原則（流動・固定分類）と、貸借対照表の記載に関する原則（配列法）の2つが設けられている。

◆ 流動・固定分類に関する原則

　資産の部及び負債の部の表示においては、流動項目と固定項目を区分して表示する。区分に際しては、まず、正常営業循環基準により区分し、そのうえで正常営業循環基準で分類できない項目については、さらに1年基準により区分することが原則である。

● 正常営業循環基準

　正常営業循環基準とは、主目的たる営業取引により発生した項目を流動資産（または流動負債）に属するものとする考え方である（企業会計原則注解16）。

　ただし、破産債権、更生債権及びこれに準ずる債権で1年以内に回収されないことが明らかなものは、固定資産たる投資その他の資産として表示する（企業会計原則注解16）。

● 1年基準

　1年基準とは、主目的以外の取引により発生した債権及び債務で、貸借対照表日の翌日から起算して1年以内に入金または支払の期限が到来するものは流動資産または流動負債に属するものとし、入金または支払の期限が1年を超えて到来するものは、投資その他の資産または固定負債に属するものとする考え方である（企業会計原則注解16）。

◆ 配列に関する原則

貸借対照表の配列については、流動性配列法が適用される。

● 流動性配列法

　流動性配列法とは、流動性（換金性）の高いものから順に配列していく方法で、資産については流動資産、固定資産、繰延資産の順、負債については流動負債、固定負債の順、そして負債に続いて純資産を配列する方法

である。

　なお企業会計原則は、「資産及び負債の項目の配列は、原則として、流動性配列法によるものとする」としている（企業会計原則第三　三）。

(2)　中小会計要領の表示区分

中小会計要領は、貸借対照表の表示区分について、次のように示している（中小会計要領Ⅲ）。

- 資産の部は、流動資産、固定資産、繰延資産に区分して表示する
- 負債の部は、流動負債、固定負債に区分して表示する
- 純資産の部の株主資本は、資本金、資本剰余金、利益剰余金、自己株式に区分して表示する
  - 資本剰余金は資本準備金とその他資本剰余金に区分する。
  - 利益剰余金は利益準備金とその他利益剰余金に区分する。
  - 「評価・換算差額等」や「新株予約権」に該当する項目がある場合は、純資産の部に記載する。

3 特別の表示方法

　中小会計要領は、次に掲げる項目について、特別の表示方法を定めている（中小会計要領Ⅲ）。

(1) 貸倒引当金

貸倒引当金の表示方法は3通りから選択できる。

① 　流動資産または投資その他の資産から一括控除（様式の方法）する方法
② 　引当の対象となった各科目（売掛金等）ごとに控除し、表示する方法
③ 　引当の対象となった各科目から直接控除し、控除額を注記する方法

(2) 有価証券

① 　以下の2つは「有価証券」として流動資産の部に計上する。
  - 売買目的有価証券
  - 事業年度の末日後1年以内に満期の到来する社債等

② 　子会社及び関連会社の株式は「関係会社株式」として固定資産の投資

その他の資産の部に表示する。
③　それ以外の有価証券については「投資有価証券」として固定資産の投資その他の資産の部に表示する。

(3) 減価償却累計額

有形固定資産の減価償却累計額の表示方法は3通りから選択できる。

① 償却対象資産（建物等）から直接減額し、減価償却累計額の金額を注記（様式の方法）する方法
② 各償却対象資産を取得原価で表示し、各科目の下に減価償却累計額を控除形式で表示する方法
③ 各償却対象資産を取得原価で表示し、有形固定資産の最下行に一括控除形式で表示する方法

(4) リース取引

リース取引を売買取引に係る方法に準じて処理する場合には、資産の部の固定資産に「リース資産」を計上し、負債の部に「リース債務」を計上する。

4 表示について

中小会計要領が示す貸借対照表の様式はひとつの例示であると解される。中小会計要領も「企業の実態に応じて、適宜勘定科目等を加除・集約することができる」（中小会計要領Ⅲ【記載上の注意】）と述べている。

2 損益計算書

中小会計要領は、損益計算書について、多くの中小企業の実務において必要と考えられる勘定科目（項目）に絞ったうえで次頁の様式例を掲げている。

1 金額表示

損益計算書における金額の表示方法について、中小会計要領は特段の定めを置いていないが、貸借対照表と同様に、会社計算規則に基づいて、一円単

損益計算書

自　平成〇〇年〇月〇日
至　平成〇〇年〇月〇日

(単位：円（又は千円）)

項目	金額	
売上高		〇〇〇
売上原価		〇〇〇
売上総利益		〇〇〇
販売費及び一般管理費		〇〇〇
営業利益		〇〇〇
営業外収益		
受取利息	〇〇	
受取配当金	〇〇	
雑収入	〇〇	
営業外収益合計		〇〇
営業外費用		
支払利息	〇〇	
手形売却損	〇〇	
雑損失	〇〇	
営業外費用合計		〇〇
経常利益		〇〇〇
特別利益		
固定資産売却益	〇〇	
投資有価証券売却益	〇〇	
前期損益修正益	〇〇	
特別利益合計		〇〇
特別損失		
固定資産売却損	〇〇	
災害による損失	〇〇	
特別損失合計		〇〇
税引前当期純利益		〇〇〇
法人税、住民税及び事業税		〇〇
当期純利益		〇〇〇 (L)

当期純利益（L）の表記は、株主資本等変動計算書上の（L）に対応。

位、千円単位または百万円単位をもって表示することとなる。

2 表示方法

中小会計要領は、損益計算書の表示に関わるルールを次のように示している（中小会計要領Ⅱ1）。
- 収益とこれに関連する費用は、両者を対応させて期間損益を計算する
- 収益及び費用は、原則として、総額で計上し、収益の項目と費用の項目とを直接に相殺することによってその全部または一部を損益計算書から除去してはならない

この点について、企業会計原則も次のように示している（企業会計原則第二 一）。
- 費用及び収益は、その発生源泉に従って明瞭に分類し、各収益項目とそれに関連する費用項目とを損益計算書に対応表示しなければならない
- 費用及び収益は、総額によって記載することを原則とし、費用の項目と収益の項目とを直接に相殺することによってその全部または一部を損益計算書から除去してはならない

3 勘定科目（項目）の表示方法

中小会計要領は、損益計算書に関する勘定科目（項目）の表示方法について特段の定めを置いていないが、しかし会社計算規則では次のように定められている。
実務的にはこの定めに基づいて表示することになる（会計規88～94）。
- 売上高

  商品や商品、サービスの提供による収益を表示する。
- 売上原価

  売上高に対応する商品の仕入原価、製品の製造原価、役務提供の場合の役務費用を表示する。

- 売上総損益

  売上高から売上原価を控除した額を売上総利益として表示する。ただし、その額が零未満（マイナス）になった場合には売上総損失として表示しなければならない。
- 販売費及び一般管理費

  企業の営業活動（いわゆる本業の活動）に要した費用のうち、売上原価として表示されないものを表示する。
- 営業損益

  売上総損益から販売費及び一般管理費の合計額を控除した額を営業利益として表示しなければならない。その額が零未満（マイナス）になった場合には営業損失として表示する。
- 営業外収益

  企業の営業活動以外から生じた収益を計上する。
- 営業外費用

  企業の営業活動以外から生じた費用を計上する。
- 経常損益

  営業損益に営業外収益を加えて、営業外費用を減じた額を経常利益として表示する。その額が零未満（マイナス）になった場合には経常損失として表示する。
- 特別利益

  固定資産売却益、前期損益修正益、その他の項目の区分に従い、細分化しなければならない。金額が重要でないものは細分しなくてよい。
- 特別損失

  固定資産売却損、減損損失、災害による損失、前期損益修正損その他の項目の区分に従い、細分化しなければならない。金額が重要でないものは細分しなくてよい。
- 税引前当期純損益

  経常損益に特別利益を加えて、特別損失を減じた額を税引前当期純利

益として表示する。その額が零未満になった場合には税引前当期純損失として表示する。
- 法人税等

    当該事業年度に係る法人税等を表示する。法人税等の更正、決定等による納付税額または還付税額がある場合、この項目の次に表示する。ただし、重要性が乏しい場合にはこの項目に含めて表示することができる。
- 法人税等調整額

    税効果会計の適用により計上される法人税等の調整額を表示する。
- 当期純損益

    税引前当期純損益から法人税等や法人税等調整額等を減じた額を当期純利益として表示する。その額が零未満（マイナス）になった場合には当期純損失として表示する。

4 表示について

中小会計要領が示す損益計算書の様式はひとつの例示であると解される。中小会計要領も「企業の実態に応じて、適宜勘定科目等を加除・集約することができる」（中小会計要領Ⅲ【記載上の注意】）と述べている。

❸ 株主資本等変動計算書

中小会計要領は、株主資本等変動計算書に関して、多くの中小企業の実務において必要と考えられる勘定科目（項目）に絞ったうえで、次頁の様式例を示している

1 株主資本等の一覧表

旧商法の時代に作成されていた利益処分計算書（損失処理計算書）は、会社法において事実上、廃止された。

しかし、資本金などの純資産項目について、その変動を時系列的に連続し

株主資本等変動計算書

自 平成○○年○月○日
至 平成○○年○月○日

※純資産の各項目を
横に並べる様式

(単位：円（又は千円）)

	株主資本									純資産合計
	資本金	資本剰余金			利益剰余金				自己株式	株主資本合計	
		資本準備金	その他資本剰余金	資本剰余金合計	利益準備金	その他利益剰余金		利益剰余金合計			
						××積立金	繰越利益剰余金				
当期首残高	○○	○○○	○○○	○○○	○○○	○○○	○○○	○○○	△○○	○○○	○○○
当期変動額											
新株の発行	○○	○○○		○○○						○○○	○○○
剰余金の配当							△○○○	△○○○		△○○○	△○○○
剰余金の配当に伴う利益準備金の積立て					○○		△○○	○○		○○	○○
当期純利益							○○○ (L)	○○○		○○○	○○○
自己株式の処分									○○	○○	○○
××××											
当期変動額合計	○○	○○○ (B)	― (C)	○○○ (D)	○○ (E)	○○○ (F)	○○○ (G)	○○○ (H)	○○ (I)	○○○ (J)	○○○ (K)
当期末残高	○○ (A)	○○○	○○○	○○○	○○○	○○○	○○○	○○○	△○○	○○○	○○○

(注) 当期変動額は、株主資本の各項目の変動事由ごとに変動額と変動事由を明示します。
表記 (A)～(L)は、貸借対照表上の純資産の部 (A)～(K)、損益計算書上の当期純利益 (L) に対応。

146

て把握することが貸借対照表や損益計算書だけではできないため、株主資本等変動計算書が会社法において導入された。株主資本等変動計算書によって、株主資本等の時系列な変動推移の一覧表示が可能一般となったのである。

2 表示方法

中小会計要領が掲げる株主資本等変動計算書の様式例は、株主資本のみを対象としている。これは、多くの中小企業の実務において必要と考えられる勘定科目（項目）に絞ったうえで様式例を示しているためである。

会社法が求める株主資本等変動計算書の表示区分は、次のとおりである（会計規96②一）。

- 株主資本等変動計算書　次に掲げる項目
    - イ　株主資本
    - ロ　評価・換算差額等
    - ハ　新株予約権

3 様式に記載されていない事項

中小会計要領は、「本要領で示していない会計処理の方法が必要になった場合には、企業の実態等に応じて、企業会計基準、中小指針、法人税法で定める処理のうち会計上適当と認められる処理、その他一般に公正妥当と認められる企業会計の慣行の中から選択して適用する」（中小会計要領Ｉ５）と、各論で示していない会計処理等について記している。

この取扱いに準じて、様式集において記載されていない項目等については、実務的にはまず中小指針の記載内容の適用を検討することになろう。評価・換算差額等や新株予約権がこのケースに該当する。

4 表示について

中小会計要領が示す株主資本等変動計算書の様式はひとつの例示であると解される。中小会計要領も「企業の実態に応じて、適宜勘定科目等を加除・

集約することができる」(中小会計要領Ⅲ【記載上の注意】)と述べている。

④ 個別注記表

　個別注記に関する事項は、中小会計要領の各論の「14. 注記」を参照されたい。なお、中小会計要領が示す個別注記表の様式は例示であると解される(次頁)。

　中小会計要領は「企業の実態に応じて、適宜勘定科目等を加除・集約することができる」とする対象に個別注記表を明記していないが、もちろん個別注記表においても該当項目がない等の場合には、加除・集約ができると解される。

⑤ 製造原価明細書

1 製造原価明細書の意義

　中小会計要領が示す製造原価明細書は、株式会社の計算書類の内容を補足する重要な事項を示すもので、計算書類の附属明細書のひとつであると解される(150頁)。

　会社法が求める計算書類の附属明細書は、次のとおりである(会計規117)。

- 各事業年度に係る株式会社の計算書類に係る附属明細書には、次に掲げる事項(公開会社以外の株式会社にあっては、第一号から第三号に掲げる事項)のほか、株式会社の貸借対照表、損益計算書、株主資本等変動計算書及び個別注記表の内容を補足する重要な事項を表示しなければならない
  - 一　有形固定資産及び無形固定資産の明細
  - 二　引当金の明細
  - 三　販売費及び一般管理費の明細
  - 四　(略)

個別注記表
自　平成○○年○月○日　　至　平成○○年○月○日

1．この計算書類は、「中小企業の会計に関する基本要領」によって作成しています。
2．重要な会計方針に係る事項に関する注記
　（1）資産の評価基準及び評価方法
　　　①有価証券の評価基準及び評価方法
　　　　　総平均法による原価法を採用しています。
　　　②棚卸資産の評価基準及び評価方法
　　　　　総平均法による原価法を採用しています。
　（2）固定資産の減価償却の方法
　　　①有形固定資産
　　　　　定率法（ただし、平成10年4月1日以降に取得した建物（附属設備を除く）は定額法）を採用しています。
　　　②無形固定資産
　　　　　定額法を採用しています。
　（3）引当金の計上基準
　　　①貸倒引当金　　　債権の貸倒れによる損失に備えるため、一般債権について法人税法の規定に基づく法定繰入率により計上しています。
　　　②賞与引当金　　　従業員の賞与支給に備えるため、支給見込額の当期負担分を計上しています。
　　　③退職給付引当金　従業員の退職給付に備えるため、決算日において、従業員全員が自己都合によって退職した場合に必要となる退職金の総額の○％を計上しています。
　（4）その他計算書類作成のための基本となる重要な事項
　　　①リース取引の処理方法
　　　　　リース取引については、賃貸借取引に係る方法により、支払リース料を費用処理しています。
　　　　　なお、未経過リース料総額は、○○○円（又は千円）であります。
　　　②消費税等の会計処理
　　　　　消費税等の会計処理は、税抜方式（又は税込方式）によっています。
3．貸借対照表に関する注記
　（1）有形固定資産の減価償却累計額　　　○○○円（又は千円）
　（2）受取手形割引額　　　　○○○円（又は千円）
　（3）受取手形裏書譲渡額　　○○○円（又は千円）
　（4）担保に供している資産及び対応する債務　建物　　　○○○円（又は千円）
　　　　　　　　　　　　　　　　　　　　　　土地　　　○○○円（又は千円）
　　　　　　　　　　　　　　　　　　　　　　長期借入金　○○○円（又は千円）
4．株主資本等変動計算書に関する注記
　（1）当事業年度の末日における発行済株式の数　　　○○○株
　（2）当事業年度の末日における自己株式の数　　　　○○○株
　（3）当事業年度中に行った剰余金の配当に関する事項
　　　　平成○○年○月○日の定時株主総会において、次の通り決議されました。
　　　　　　配当金の総額　　　　　　○○○円（又は千円）
　　　　　　配当の原資　　　　　　　利益剰余金
　　　　　　一株当たりの配当額　　　○円
　　　　　　基準日　　　　　　　　　平成○○年○月○日
　　　　　　効力発生日　　　　　　　平成○○年○月○日
　（4）当事業年度の末日後に行う剰余金の配当に関する事項
　　　　平成○○年○月○日開催予定の定時株主総会において、次の通り決議を予定しています。
　　　　　　配当金の総額　　　　　　○○○円（又は千円）
　　　　　　配当の原資　　　　　　　利益剰余金
　　　　　　一株当たりの配当額　　　○円
　　　　　　基準日　　　　　　　　　平成○○年○月○日
　　　　　　効力発生日　　　　　　　平成○○年○月○日

製造原価明細書

自　平成○○年○月○日
至　平成○○年○月○日

(単位：円（又は千円))

項目	金額
Ⅰ　材料費	○○○
期首材料棚卸高（＋）	○○○
材料仕入高（＋）	○○○
期末材料棚卸高（－）	○○○
Ⅱ　労務費	○○○
従業員給与	○○○
従業員賞与	○○○
従業員退職金	○○○
法定福利費	○○○
福利厚生費	○○○
Ⅲ　経費	○○○
外注加工費	○○○
水道光熱費	○○○
消耗工具器具備品費	○○○
租税公課	○○○
減価償却費	○○○
修繕費	○○○
保険料	○○○
賃借料	○○○
研究開発費	○○○
その他	○○○
当期製造費用　計	○○○
期首仕掛品棚卸高（＋）	○○○
合計	○○○
期末仕掛品棚卸高（－）	○○○
他勘定振替高（－）	○○○
当期製品製造原価	○○○

2 表示科目

中小会計要領が示す製造原価明細書の様式はひとつの例示であると解される。中小会計要領も「企業の実態に応じて、適宜勘定科目等を加除・集約することができる」(中小会計要領Ⅲ【記載上の注意】)と述べている。

6 販売費及び一般管理費の明細

1 販売費及び一般管理費の明細の意義

中小会計要領が示す販売費及び一般管理費の明細は、計算書類の附属明細書のひとつである（次頁）。

2 表示科目について

中小会計要領が示す販売費及び一般管理費の明細の様式はひとつの例示であると解される。中小会計要領も「企業の実態に応じて、適宜勘定科目等を加除・集約することができる」(中小会計要領Ⅲ【記載上の注意】)と述べている。

なお、上記の販売費及び一般管理費の明細の勘定科目(項目)として掲げられているものは、通常の税務会計で使われる名称や配列とやや異なるものである。

実は、上記の項目とほぼ同様の名称と配列を定めているのが、財務諸表等規則ガイドラインである（財規ガイドライン 84）。

販売費及び一般管理費の明細

　　　自　平成〇〇年〇月〇日
　　　至　平成〇〇年〇月〇日

（単位：円（又は千円））

項目	金額
販売手数料	〇〇〇
荷造費	〇〇〇
運搬費	〇〇〇
広告宣伝費	〇〇〇
見本費	〇〇〇
保管費	〇〇〇
役員報酬	〇〇〇
役員賞与	〇〇〇
役員退職金	〇〇〇
従業員給与	〇〇〇
従業員賞与	〇〇〇
従業員退職金	〇〇〇
法定福利費	〇〇〇
福利厚生費	〇〇〇
交際費	〇〇〇
旅費交通費	〇〇〇
通勤費	〇〇〇
通信費	〇〇〇
水道光熱費	〇〇〇
事務用消耗品費	〇〇〇
消耗工具器具備品費	〇〇〇
租税公課	〇〇〇
図書費	〇〇〇
減価償却費	〇〇〇
修繕費	〇〇〇
保険料	〇〇〇
賃借料	〇〇〇
寄付金	〇〇〇
研究開発費	〇〇〇
その他	〇〇〇
合計	〇〇〇

第 5 章
経営に役立つ会計

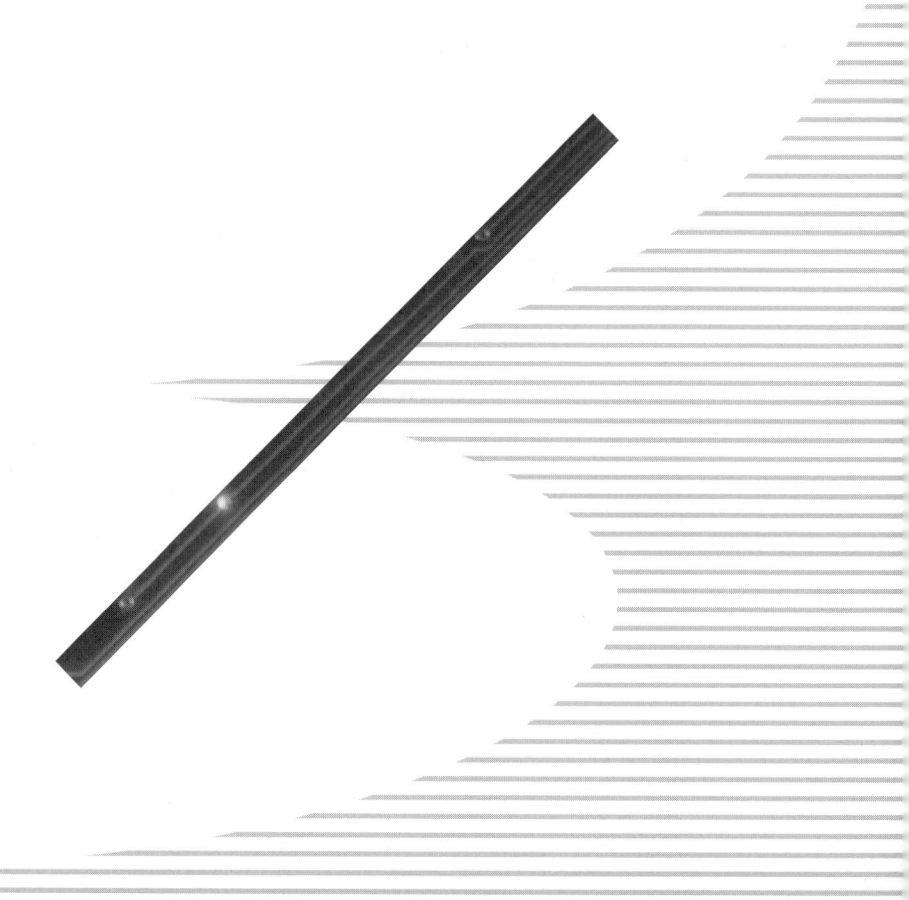

第1節 経営に役立つ会計の意義

1 中小会計要領の目的

　中小会計要領の目的あるいは考え方は、外部報告用の会計とは趣を異にしていることに留意する必要がある。

　19世紀に近代的な会計が成立してから今日にいたるまで、会計ルールといえば外部報告用の会計ルールを指してきた。いわゆる財務会計といわれる会計ルールがそれである。

会計の発展

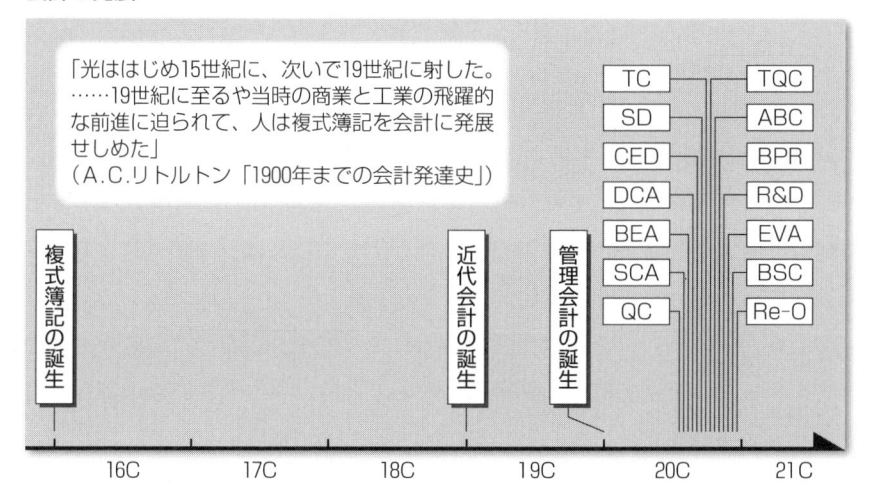

「光ははじめ15世紀に、次いで19世紀に射した。……19世紀に至るや当時の商業と工業の飛躍的な前進に迫られて、人は複式簿記を会計に発展せしめた」
（A.C.リトルトン「1900年までの会計発達史」）

TC	TQC
SD	ABC
CED	BPR
DCA	R&D
BEA	EVA
SCA	BSC
QC	Re-O

複式簿記の誕生　　近代会計の誕生　　管理会計の誕生

16C　17C　18C　19C　20C　21C

　だが中小会計要領は、「簡便な会計処理をすることが適当と考えられる中小企業を対象に、その実態に即した会計処理のあり方をとりまとめるべきとの意見を踏まえ……作成された」（中小会計要領Ⅰ1(2)）会計ルールである。

具体的には4つの考え方が示されていることについては、すでに述べた。注目すべきは、その構成である。

中小会計要領は、金融機関や取引先など外部の利害関係者への情報提供の機能については、2番目の構成順序として示したのである。

そのうえで、中小会計要領は1番目に、「中小企業の経営者が活用しようと思えるよう、理解しやすく、自社の経営状況の把握に役立つ会計」（中小会計要領Ⅰ1(2)）を掲げたのである。

このように、中小会計要領は、外部の利害関係者への情報提供用といったこれまでの会計ルールと同様の目的を掲げながら、従来とは異なって第1位の目的に、いわば「経営に役立つ会計」の機能を据えたのである。

❷ なぜ「経営に役立つ会計」なのか

では、なぜ中小会計要領はこのように新たな方向性を示したのか、実はこの点を理解することが中小会計要領を理解し活用するための鍵といっていいであろう。

この点につき、中小会計報告書は次のように方向性を示している。

「中小会計要領が定着することで、中小企業の経営者が正確な財務情報に基づき経営状況を把握して経営改善等を図り、また、自社の経営状況を金融機関等の利害関係者に情報提供できるようになることは、中小企業が存続・発展していくために極めて重要であると考える」[*14]。

すなわち、中小会計要領の普及・活用によって中小企業の経営者が経営改善等を図ったり金融機関等に情報提供することは、中小企業自身の存続・発展のために極めて重要であると位置づけているのである。

外部の利害関係者の意思決定に役立つことを中小会計要領の2番目の目的として掲げながら、1番目の目的には「経営に役立つ」ことを掲げ、そうしたことを通じて何よりも中小企業自身の経営改善等を通じた存続・発展に会計の役割を据え直したのである。

これまでの会計の単純な延長線上に中小会計要領は置かれていないことに、会計専門家であれば留意すべきであろう。

　＊14　中小企業の会計に関する検討会「中小企業の会計に関する検討会報告書」(平成24年3月) 5頁

第2節 経営に役立つ会計の進め方

1 「経営に役立つ会計」への誤解

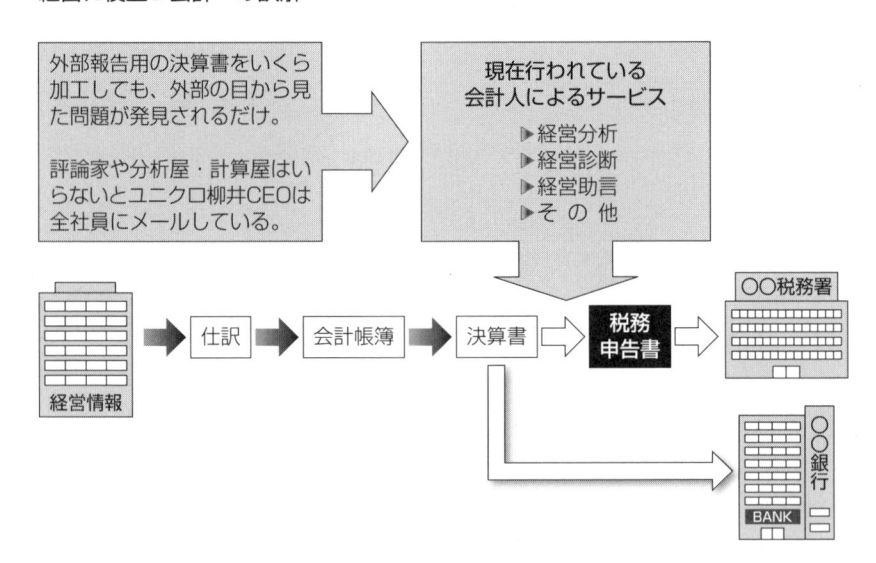

　実は、多くの会計人は「経営に役立つ会計」について誤解している。経営分析や経営診断や経営助言などが「経営に役立つ会計」だとの理解がその典型である。しかし、それは外部報告用の決算書をもとに計算・比較をした結果にすぎないのであるから、得られる結果はまた、外部の目から見た問題が発見されるにすぎない。

経営に役立つ会計への誤解

外部報告用の決算書をいくら加工しても、外部の目から見た問題が発見されるだけ。

評論家や分析屋・計算屋はいらないとユニクロ柳井CEOは全社員にメールしている。

現在行われている会計人によるサービス
▶経営分析
▶経営診断
▶経営助言
▶その他

経営情報 → 仕訳 → 会計帳簿 → 決算書 → 税務申告書 → ○○税務署 / ○○銀行 BANK

　この点を理解しないと、経営者が決算書を使えないのは、経営者として失格であるなどと、本末転倒の議論をするだけの机上の会計屋に堕することに

なる。意欲の高い経営者から、経営をよく知らない会計人だなとすぐに底が割れるのが落ちだ。

❷ 「経営に役立つ会計」のための手法

「経営に役立つ会計」を実践するためには、外部報告用の決算書の情報だけではなく、むしろ、

- 経営者の目標や戦略に基づいて現状を把握できる情報
- そこから問題点を発見し改善等を検討できる情報

が必要となる。

経営に役立つ会計の対象

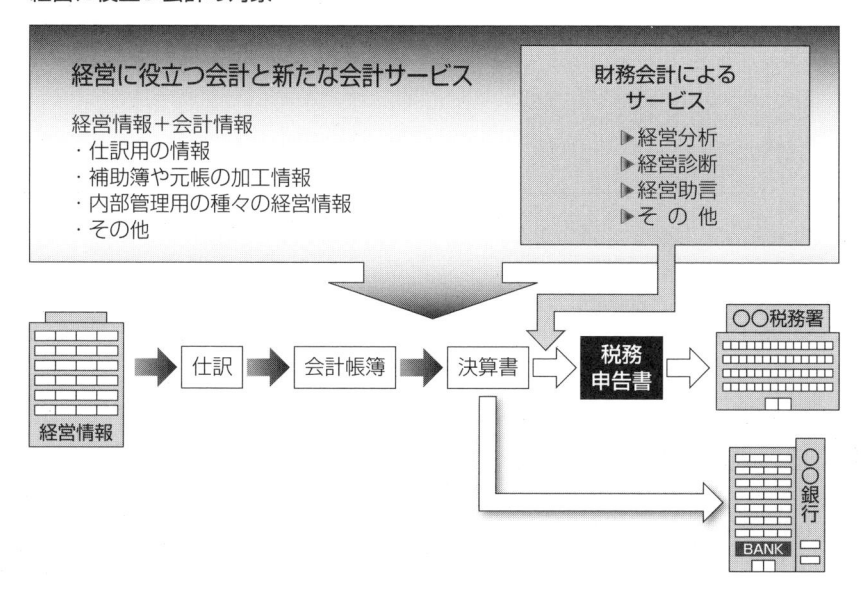

```
経営に役立つ会計と新たな会計サービス          財務会計による
                                              サービス
経営情報＋会計情報
・仕訳用の情報                              ▶経営分析
・補助簿や元帳の加工情報                    ▶経営診断
・内部管理用の種々の経営情報                ▶経営助言
・その他                                    ▶その他
```

経営情報 → 仕訳 → 会計帳簿 → 決算書 → 税務申告書 → ○○税務署
　　　　　　　　　　　　　　　　　　　　　　　　　　　→ ○○銀行 BANK

そうした情報を得るためには、これまでの外部報告用の会計手法と異なった手法が必要である（次頁図表）。

159

中小企業の実態に即した経営に役立つ手法

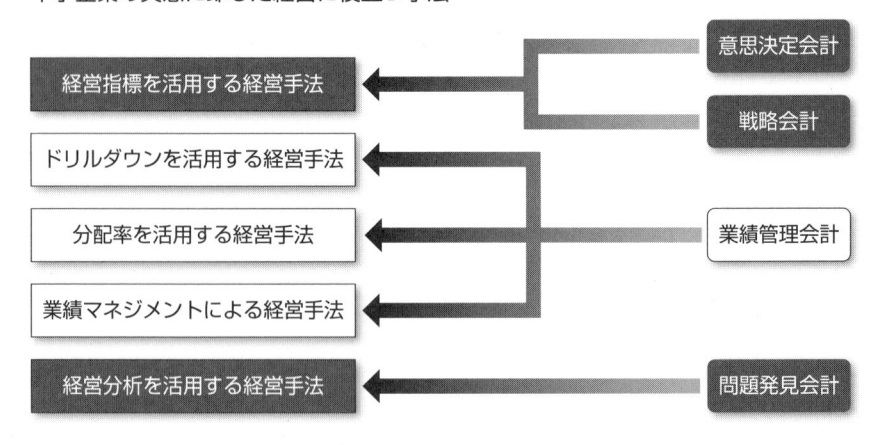

経営手法	会計区分
経営指標を活用する経営手法	意思決定会計 / 戦略会計
ドリルダウンを活用する経営手法	業績管理会計
分配率を活用する経営手法	業績管理会計
業績マネジメントによる経営手法	業績管理会計
経営分析を活用する経営手法	問題発見会計

次節では、経営に役立つ会計の実践的な理解を深めるために、事例に基づいて解説を加えることとしたい。

第3節 ケーススタディで理解する

① ケースの概要

　オプト社は、手堅い商いで信用のある眼鏡小売専門店で、地元一番店でもあった。だが低価格店の登場など価格競争が激化し、売上は徐々に減っていた。生残り策の検討に着手したのは、4年前。銀行が勧める居抜き物件へ出店して新たな業態に挑むことにした。
　その戦略は、低価格に特化した眼鏡専門店への進出である。出店当初、新店は黒字で全社の業績も好調に見えた。

② 経　過

1 　4年前、成長が可能と判断

　あいかわらず売上減が続いていたが、まだ年190百万円の売上を維持し、営業利益5百万円と黒字だった。業界平均の水準にあり、新規出店で競争に勝つだけの経営基盤があると社長は確信していた。

2 　3年前、ついに新規出店を決意

　売上減にストップをかけて成長に転ずることを目指し、社長は新規出店を決意。居抜きの物件のため、投資は格安で、紹介を受けた銀行からの借入れでまかなえた。その結果、新店は売上50百万円とほぼ見込みどおりの数字を上げ、一方、既存店も売上3％減と業界全体から見ると健闘したといえよう。

3　2年前、新店好調なるも既存店は微減

　新店は売上1割増・営業利益3百万円を稼ぎ、既存店も売上1割減ながら営業利益5百万円を稼ぎだした。

4　1年前、売上2割減で赤字に

　その後、低価格競争が一気に激化。売上は既存店・新店とも2割減、最終利益は初めて赤字となった。

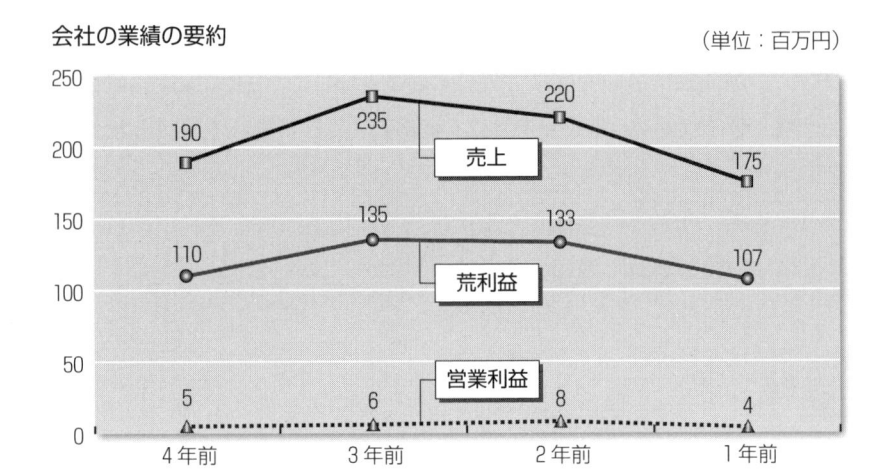

会社の業績の要約　　　　　　　　　　　　　　（単位：百万円）

	4年前	3年前	2年前	1年前
売上	190	235	220	175
荒利益	110	135	133	107
営業利益	5	6	8	4

❸ 会計データは届いていた

　地元一番店のオプト社が、新規事業にチャレンジし全社の売上や荒利益がピークとなったのに、そのわずか2年後に最終利益が赤字に陥っている。なぜだろうか。社長は漫然と経営していたのだろうか？

　ところが、オプト社長に同社の顧問の会計事務所から、次のような会計データが毎年届けられており、会計事務所なりに会計データ上の問題点は指摘していたというのである。

会計データ

(単位：百万円)

全店	X-3期 期首	X-3期 借方	X-3期 貸方	X-3期 期末	X-2期 借方	X-2期 貸方	X-2期 期末	X-1期 借方	X-1期 貸方	X-1期 期末	X期 借方	X期 貸方	X期 期末
現金預金	30	190	204	16	280	279	17	240	251	6	175	184	▲3
商　品	30	40	30	40	80	40	80	103	80	103	85	103	85
流動資産合計	60			56			97			109			82
固定資産	90			90			90			90			90
減価償却累計額			5	▲5		5	▲10		5	▲15		5	▲20
固定資産合計	90			85			80			75			70
資産合計	150			141			177			184			152
短期借入金	70	5		65	5	20	80	5	20	95	10		85
長期借入金	60	5		55	5	25	75	10		65	10		55
負債合計	130			120			155			160			140
資本金	10			10			10			10			10
剰余金	10		1	11		1	12		2	14	▲12		2
純資産合計	20			21			22			24			12

(単位：百万円)

全店	X-3期 金額	X-3期 分配率	X-2期 金額	X-2期 分配率	X-1期 金額	X-1期 分配率	X期 金額	X期 分配率
売上高	190		235		220		175	
期首商品	30		40		80		103	
仕入	90		140		110		50	
期末商品	40		80		103		85	
売上原価	80		100		87		68	
売上総利益	110	100%	135	100%	133	100%	107	100%
販管費	105	95%	129	96%	125	94%	103	96%
人件費	55	50%	70	52%	65	49%	52	49%
設備費	35	32%	45	33%	46	35%	39	36%
販売費	10	9%	8	6%	9	7%	7	7%
その他	5	5%	6	4%	5	4%	5	5%
営業利益	5	5%	6	4%	8	6%	4	4%
支払利息	4	4%	5	4%	6	5%	16	15%
経常利益	1	1%	1	1%	2	2%	▲12	−11%
法人税等								
純利益	1	1%	1	1%	2	2%	▲12	−11%

1 会計データは使われていない

　実は、決算書などの会計データが会計事務所から届けられて説明を受けても、オプト社長はお義理に目を通し耳を傾けるだけだったというのである。会計データとは税金の申告のために必要なものだから本業には関係がないものだと社長は考え、経営に必要だと思う情報は独自に手に入れて経営をして

いたという。

　こうした"会計データは使わない"という経営スタイルは、残念ながら多くの中小企業にそのまま当てはまるようだ。経営に奔走する経営者ほど会計データは本業に直接プラスにならないと思っているし、そのうえ会計データへの苦手意識も手伝って、経営者はわずか数％しか会計に関して時間を費やしていない状態だとの指摘がなされているほどだ。

2 会計データから問題点を発見する

　そこで、読者のあなたにチャレンジしていただきたい。上記のオプト社の会計データをもとに、オプト社の経営上の問題点を発見していただきたいのだ。答えやすいように、以下に質問と回答欄を設けている。実践的な理解を深めるために、このケーススタディに挑んでいただきたい。

Q オプト社の会計データを観察して、同社の問題点を発見しなさい（次の回答欄に、少なくとも3点は記入してほしい）。

Ans.

3 問題指摘は経営問題の解決に役立つか

　首尾はどうだったろうか。会計の専門家なら、丁寧に読めば問題点を指摘することは容易なはずだ。だが、そこで安心しないでいただきたい。

　オプト社の顧問会計事務所がそうであったように、会計データを会計専門

家が作成して問題点を指摘するだけでは、経営問題の解決に直接結びつかないのが多くの中小企業の実態なのである。結果的に、会計データは役に立たないと思われてしまいがちなのである。

会計専門家にとって、こうしたことは心外かもしれない。決算書を作成するのが会計事務所の責任であって、それを使って経営を進めるのは経営者の責任ではないか、との声が聞こえるようだ。

しかし、会計とは"経営に役立つはずだ"との視点に立ってオプト社のケースを考えると、疑問が浮かぶ。何かがおかしい？ 経営に役立つはずの会計が経営者の意思決定に影響を与えていないのはなぜだろうか？

4 中小会計要領の役割

こうした疑問に応えたのが、実は中小会計要領である。経営者が活用しようと思えるような会計で、経営者が理解できる会計であって、経営者が自社の経営状況を把握できる会計であること、こうした目的を会計の第一に掲げたのである（中小会計要領Ⅰ1(2)）。中小会計要領は、まさに"経営に役立つはずの会計"を目指しているのである。

ただし中小会計要領は、策定に至るさまざまな経緯がありこうしたことを反映して、主に会計のルールについて記述したものとなっている。経営に役立つ会計を実践する具体的な方法などについては、中小会計要領の文言をいくら眺めても記載されていないのだから読み取れないのである。

5 作成レベルから実践レベルへ

そこで中小会計要領の会計ルールに基づき会計データを作成する段階から、"経営者が活用しようと思える"会計データを実際に提供し、"経営者が自社の経営状況を把握できる"段階に到達し、そうすることによって経営者が経営問題を解決できるようにすることに関心が寄せられてきたのである。専門家の役割が、会計データの作成レベルから実践レベルに移行しつつあるといっていいだろう。

経営に役立つ会計の実践レベルについては、確かに中小会計要領には書き込まれていないのであるから、具体的な"経営者が活用しようと思える"会計データの提供の方法、"経営者が自社の経営状況を把握できる"方法、経営者が経営問題を解決する方法、いわば"役立つ会計のための手法"が問題となる。
　その点を明らかにするために、オプト社のケースに基づいて検討を進めていこう。

❹ 社長がチェックしていた経営情報

　さて、会計データを横においてオプト社長は独自に経営情報をチェックしていたことが、後になってから判明した。その概要を次に示そう。
　オプト社は低価格の新業態の店舗を出店し、その後「X-1期までは順調だった」と社長は判断していた。それを支えていたのは売上の動向だった。実は、社長が普段からチェックしていたのは売上だったのだ。なぜか、実はオプト社長は猛烈に忙しく、業績については売上を見るだけで精一杯だったというのである。
　その背景に少々触れておこう。オプト社は、従業者が20人弱で、仕事は、組織ではなく人についてまわるという、いわゆる属人的な経営スタイルだったようだ。
　一般的に、規模を拡大するに従って経営者は猛烈に忙しくなり、「目の前の仕事に追われ毎日がすぎていく」状態に陥る。小規模の経営は、ここを耐えなければ次のステップに成長はできない。
　しかし中規模の段階になっても経営者だけが忙しいと、深刻な問題に陥る。人材を育成し分業のメリットが働くようにしないと、経営者は経営全体を見る余裕がなくなり、成長に伴い多発する経営危機の兆候を見逃がすリスクが高くなる傾向があるのである。

⑤ 毎日の売上をどのように把握していたか

　オプト社には、POSレジのデータを毎日報告させて、売上などを把握する仕組みがあった。社長はこれで経営上の問題がわかると考えていたのだ。しかし、POSレジで売上を把握する方法には、経営者として注意しなければならない問題が潜んでいる。

Q レジデータで売上などを毎日把握できる同社の仕組みには、限界がある。どのようなことか、あなたの仮説を述べなさい（次の回答欄に、そのポイントを少なくとも3点は記入してほしい）。

Ans.

⑥ レジデータだけに頼る問題

1 機会損失を把握できない

　POSは便利だが、現実の品揃えを前提にしたうえで販売情報が提供される仕組みである。

　販売時点の売上（POS）情報では、現実の品揃えと異なる別の品揃えの場合の情報は提供されない。何が売れるのかについて、POS情報だけで判断することは十分ではない。競合店の調査や潜在的なニーズをつかむことが、欠かせないのだ。

2 商品の効率はチェックせず

　会計データを見ると、売上が4年間で8％ほど減ったのに、商品在庫高は倍増している。回転期間も、160日から505日と劇的に増えている（次頁図表）。

　こうした経営数値の変化は、経営的な問題が存在するアラームと見なければならない。だが社長は、こうした商品関係の経営数値はまったくチェックせず、売上を増やす算段だけをしていたというのである。

　危機を見落す致命的な経営ミスが、そこに潜んでいた。

3 月間の利益が1月後にわかるという仕組みになっていた

　荒利益と経費について、処理と集計を社外専門家に委託していた。ということは、毎日の売上はレジデータでつかめるものの、月間の荒利益や経費や利益は1か月以上すぎないとわからない仕組みだったのだ。年間の場合も同じだった。

　これでは、荒利益や経費の問題発見が手遅れになり、効果的な判断が不可能になる。異常な荒利益減少や経費の増加などの問題を発見し、その因果関係を分析して対策をすることが欠かせないのに、同社の仕組みでは1か月以上遅れてしかできなかった。

　問題の発見と対策がすぐできず、ズルズルと問題を先送りする仕組みであった、といえる。

4 資金繰りは勘と経験でやり繰り

　地元一番店として信用があったので、資金不足を銀行融資で切り抜ける状況が長く続いていたという。実際、オプト社長は、頭の中やメモまがいのもので資金繰りをすませていたという。

　実は、多くの中小規模の経営の実態も、オプト社長と大差ないといわれる。同社は、支払日ごとの資金繰りを手帳の隅にメモ書きして切り抜けてきたのである。

　こうした仕組みは、大きな危険を抱えている。同社の場合で見ると、3年

前から資金繰りが火の車だったのに、当時は手堅い商いで信用のある地元一番店だったので楽に融資を受けることができたのだ。しかし、名声とは裏腹な火の車の状況は正確につかめず、その原因もつかもうとせず（分析せず）、したがって経営的な対策をしないまま（判断せず）、次第に問題を深刻にさせていったのである。同社の資金繰りの深刻さを、図表で読み取っていただきたい。

資金繰り（要約）

（単位：百万円）

全 店	X-3期 借方	X-3期 貸方	X-2期 借方	X-2期 貸方	X-1期 借方	X-1期 貸方	X期 借方	X期 貸方
売上収入		190		235		220		175
仕入支出	90		140		110		50	
経費支出	105		129		125		103	
非 経 費		5		5		5		5
金利支払	4		5		6		16	
営業ＣＦ		▲4		▲34		▲16		11
投資収支	0	0	0	0	0	0	0	0
投資ＣＦ		0		0		0		0
財務収支	10	0	10	45	15	20	20	0
財務ＣＦ		▲10		35		5		▲20
年度ＣＦ		▲14		1		▲11		▲9

	X-3期	X-2期	X-1期	X期
商品回転期間	160日	219日	384日	505日
一人当り在庫高	2百万円	3百万円	5百万円	7百万円

＊ 商品回転期間＝平均商品在庫高／（売上原価÷365）で計算

Q 上記の資金繰り（要約）を手がかりにして、同社の問題点に関するあなたの仮説を述べよ。

Ans.

7 経営に役立つ会計への誘い

　紙幅の関係で、中小企業の経営に役立つ会計について十分に触れる余裕がないが、そのベースになる考え方を、次に掲げておきたい。

　最初は、「経営指標を活用する経営手法」である。この手法を活用することによって、経営に内在する根本的な問題点が把握でき、中長期の経営戦略の骨子が見えてくるというご利益がある。

1 ポイント

経営指標を活用する経営手法のポイントは次のとおりである。

経営指標を活用する経営手法のポイント

■目　的
- ▶ 経営の共通語である経営数値によって、自社の経営状況を把握する
- ▶ 経営数値を加工した経営指標によって、自社を客観的に把握する
- ▶ あるべき経営指標と自社の経営指標を比較することを通じて、経営の改善・改革を進める

■方　法
- ▶ あるべき経営指標を理解する
- ▶ 自社の現状の経営指標を算出する
- ▶ 自社の目標とする経営指標を算出する
- ▶ 目標とする経営指標と現状の経営指標を比較し、問題点を発見する
- ▶ 問題点の観察・分析を通じて、問題点の解決のための対策（業務）を決める
- ▶ 毎月（毎週・毎日）繰り返しながら、自社の経営指標を変化させる

2 あるべき経営指標

最も一般的な経営指標は次のとおり。

項　目	持続的成長を目指す場合	危険な兆候
総資本経常利益率	20%	マイナス
自己資本比率	40%以上	10%以下
損益分岐点比率	80%未満	90%以上
労働生産性	1,000万円以上	500万円以下
労働分配率	40%	50%以上

3 実態を示す経営指標

それでは、オプト社の実態を示す経営指標はどのようになっていたのだろうか。

あなたの会計の理解度を示すために、上記に掲げる最も一般的な経営指標について、オプト社の場合にはどうなっていたかを算出していただきたい。具体的に手を使い理解を深めることが、経営に役立つ会計においても大事なのだ。

Q オプト社の実態を示す経営指標のうち、総資本経常利益率・自己資本比率・損益分岐点比率について、同社の会計データを基にして算出しなさい。

補足情報：変動費は売上原価と販売費だけだと仮定しなさい。

Ans.

4 オプト社の主な経営指標

あなたの参考のために、同社の主な経営指標を次に掲げておこう。

全　社	X-3期	X-2期	X-1期	X期
総資本経常利益率	0.7%	0.6%	1.1%	-7.1%
総資産回転率	1.3	1.5	1.2	1.0
売上高経常利益率	0.5%	0.4%	0.9%	-6.9%
自己資本比率	14.9%	12.4%	13.0%	7.9%
損益分岐点比率	99%	99%	98%	112%

　眼鏡小売専門店であるオプト社が、生き残り策として低価格に特化した眼鏡専門店という新事業進出を決意したのは、4年前であった。

　新規投資に踏み切る場合、本業の見通しをしっかりと立て、これを数値で確認することが欠かせない。数値については、まず経営指標などによって現状の問題点を把握し、そのうえで業容拡大に伴うさまざまなリスクをマネジメントしながら実践を重ね、目標の達成のために実績を積み重ねることが必須となる。もちろん、目標どおりに進まない場合のために余裕資金等の手当てをしておくことが前提である。同社の場合はどうだったろうか。

　売上だけに着目していたオプト社長だが、もし経営指標をもとに自社の問題点と中長期の対策を立てるノウハウがあれば、次のような課題を把握できたはずである。

- 損益分岐点比率が99%であることから、新規出店に伴う諸経費や償却負担などの経費増をまかなう余裕がない状況である。原価と経費の構造を見直して損益分岐点比率を80%台に引き下げる改革のメスを入れ、前向きな投資に耐える経営体質を築く。そうした手順が投資を実行する前に必要だ。

　同時に、損益分岐点がほぼ100%だということは、資金繰りが火の車の

はずだ。そのため、資金対策にも最優先で取り組まなければならない。
- 自己資本比率が15％とは低すぎる。銀行の融資姿勢が変われば、投資負担が資金面でのしっかり危険な状態になる。当面、自己資本比率を20％台に3年程をメドにあげ、長期的には40％を目指す必要がある。そうしないと、赤字になった途端に銀行融資が継続してくれるかどうか問題となる。信用のある今のうちに、中長期の財務対策をしっかり立てる必要がある。
- 総資本経常利益率が0.7％とは、新規投資をする余力がない状態だ。まずは総資本経常利益率が低すぎる要因を分析し、対策を立てる必要がある。新規事業で起死回生を目指す戦略をとると、低価格ゆえに利益率が低まることが予想されるので回転率を上げなければならないが、そのノウハウが現状では同社に十分蓄積されていないことが総合的な指標である総資本経常利益率によってわかる。

ポイントだけを記したが、新事業にチャレンジする時点の同社は、本来はこうした足許の問題点をえぐり出し、そのうえでまず資金対策、ついで（あわせて）利益体質の実現、さらに中長期の実践的な目標を設定することが重要であったのだ。

手堅い商いで信用のある地元一番店の評価があり比較的融資が受けやすいその当時であれば、資金調達の対策を進めながら、同時に経費構造に改善改革のメスを入れて損益分岐点比率の引下げをし、かつ自己資本比率を向上させる目標を示して財務体質を改善改革すること、こうした戦略をとることができたのだ。

そのうえで、経営指標に代表される経営の羅針盤をオプト社長は折に触れてチェックし、改善改革の実践に伴って日々変化する自社の経営指標によって問題点を発見し続け、その観察・分析を通じて、解決のための対策（業務）を決め、毎月（毎週・毎日）繰り返しながら自社の経営指標を目標とする経営指標に向かって変化させることが必要であったのである。

5 問題の発見・分析・対策の流れ

ご注意いただきたいのは、経営指標などを通じて自社の問題を発見することは重要だが、会計専門家の場合、どうしても発見・指摘にとどまる傾向があることだ。

経営指標を活用することで、経営に内在する根本的な問題点が把握でき中長期の経営戦略の骨子が見えてくるご利益（りやく）があるのだが、それは問題解決の入口なのである。問題の発見だけでは、単なる評論家だ。"評論家・分析家・計算家はいらない"などとユニクロの柳井社長は檄をとばされているようだが、まさに経営するということは、問題点の改善・改革を通じて目標を達成することなのだ。

そのための流れは、一般的には次のように示される。

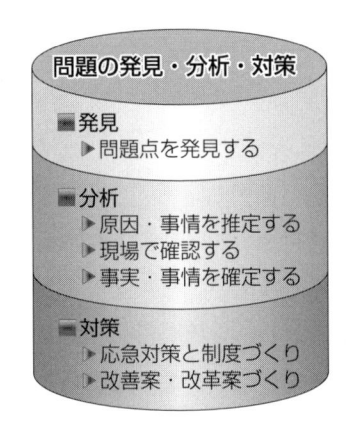

問題の発見・分析・対策

■発見
▶問題点を発見する

■分析
▶原因・事情を推定する
▶現場で確認する
▶事実・事情を確定する

■対策
▶応急対策と制度づくり
▶改善案・改革案づくり

6 その他の手法

経営指標を活用する経営手法の一端について触れてきた。もちろん、経営課題の発見とその分析・対策・実践に有効な経営に役立つ会計の手法がさらにある。最低限、次の手法を使いこなせるようにならないと、会計を作成するレベルから経営に役立つ会計の実践レベルに到達することはできないだろう。

- ドリルダウン（部門別管理）を活用する経営手法
- 分配率を活用する経営手法

- 業績マネジメントによる経営手法
- 経営分析を活用する経営手法

　残念ながら、中小会計要領の各論を詳述することを目的とした本書では、上記の経営に役立つ手法について詳述することは適わない。今後、そうした経営に役立つ会計について学び、実践し、経営者の信頼を新たに築き上げる会計人が陸続と輩出することが期待される。

資　料

中小会計要領・中小指針・会社計算規則の対照表

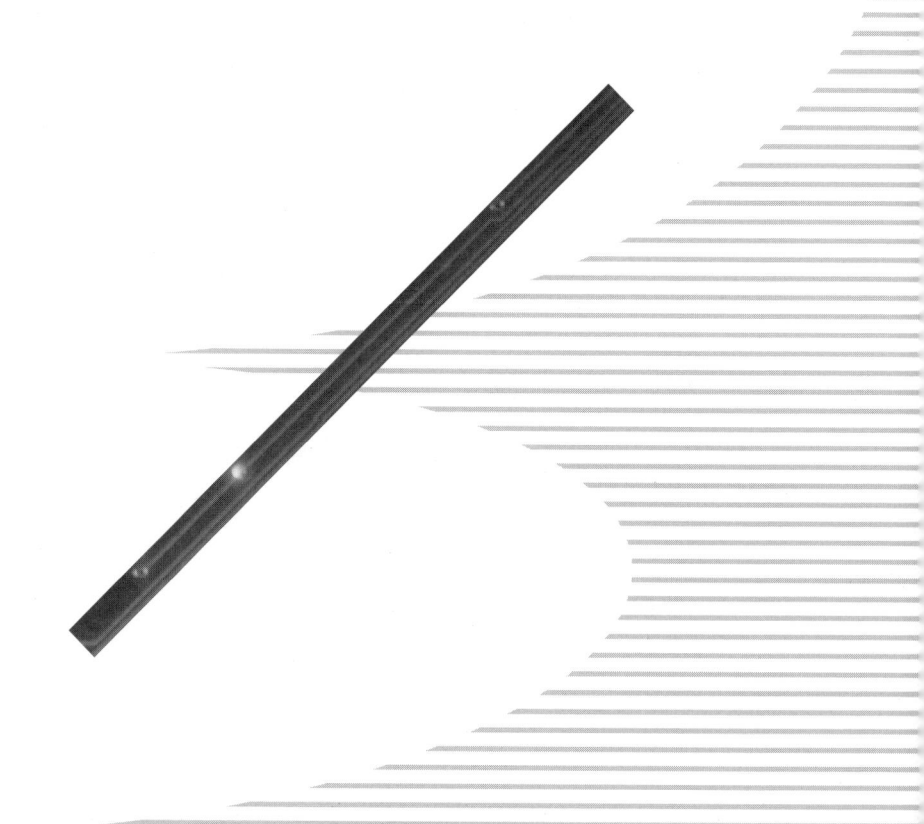

本資料の使い方

1　中小指針を知る必要

　中小会計要領は、会計処理について、各論でわずか14項目、41のルールが示されているにすぎない。

　しかし企業の実態によっては、中小会計要領で示していない会計処理の方法が必要になる場合が当然考えられる。

　こうした場合には、企業の実態等に応じて、企業会計基準、中小指針、法人税法で定める処理のうち会計上適当と認められる処理、その他一般に公正妥当と認められる企業会計の慣行の中から選択して適用する、ことになる（中小会計要領Ⅰ5）。

　選択・適用するにあたっては、実務的には、まず中小指針の適用を検討することになろう。中小指針は「『一定の水準を保ったもの』とされている」（中小会計要領Ⅰ1）ものであり、中小企業における一般に公正妥当と認められる企業会計の慣行のひとつであるとされているからである。

2　会社計算規則の定めを知る必要

　中小会計要領は、中小企業が会社法上の計算書類等を作成する際に、参照するための会計処理や注記等を示すものである（中小会計要領Ⅰ1）。

　会計専門家として会社法上の計算書類の作成に関わる場合には、会社法の規定により委任された会社の計算に関する事項その他の事項について必要な事項を定めることを目的（会計規1）とする「会社計算規則」に関して、当然に知らなければならないところである。

3　中小会計要領と中小指針と会社計算規則の比較資料

　以上の立場から、中小会計要領と中小指針と会社計算規則の三者を対照させる資料を用意した。会計処理にあたって参考となるキーワードを手がかりに、三者をいわば横串にしたものが、この資料である。中小会計要領の定めだけではなくその背景にある中小指針や会社計算規則の定めをチェックするために使っていただければ幸いである。

　また、中小会計要領で示していない会計処理等が必要になった場合のために、キーワードを手がかりに中小指針や会社計算規則の定めを参照していただければ便宜であろう。

　なお、本資料に掲載している中小会計要領・中小指針・会社計算規則は抄録であり、説明の都合上、省略表現を用いている場合がある。留意されたい。

区分	項目	中小会計要領	中小指針	会社計算規則
収益・費用	基本的な会計処理	【本文】 (1) 収益は、原則として、製品、商品の販売又はサービスの提供を行い、かつ、これに対する現金及び預金、売掛金、受取手形等を取得した時に計上する。 (2) 費用は、原則として、費用の発生原因となる取引が発生した時又はサービスの提供を受けた時に計上する。 (3) 収益とこれに関連する費用は、両者を対応させて期間損益を計算する。 (4) 収益及び費用は、原則として、総額で計上し、収益の項目と費用の項目とを直接に相殺することによってその全部又は一部を損益計算書から除去してはならない。（各論1）	➢収益及び費用については、一会計期間に属するすべての収益とこれに対応するすべての費用を計上する。 ➢原則として、収益については実現主義により認識し、費用については発生主義により認識する。	
	収益及び費用の計上に関する一般原則	【解説】 　企業の利益は、一定の会計期間における収益から費用を差し引いたものであり、収益と費用をどのように計上するかが重要となります。 　ここで、収益と費用は、現金及び預金の受取り又は支払いに基づき計上するのではなく、その発生した期間に正しく割り当てられるように処理することが必要となります。（各論1）	企業の経営成績を明らかにするため、損益計算書において一会計期間に属するすべての収益とこれに対応するすべての費用を計上する（費用収益の対応原則）。 　原則として、収益については実現主義により認識し、費用については発生主義により認識する。 　収益及び費用の計上について複数の会計処理の適用が考えられる場合、取引の実態を最も適切に表す方法を選択する。選択した方法	

区分	項目	中小会計要領	中小指針	会社計算規則
収益・費用	収益及び費用の計上に関する一般原則		は、毎期、継続して適用し、正当な理由がない限り、変更してはならない。（指針72）	
	収益の計上基準	【解説】 収益のうち、企業の主たる営業活動の成果を表す売上高は、(1)にあるように、製品、商品の販売又はサービスの提供を行い、かつ、それに対する対価（現金及び預金、売掛金、受取手形等）を受け取った時（売掛金の場合には、発生した時）に認識するのが原則的な考え方です（一般に「実現主義」といいます。）。実務上、製品や商品の販売の場合には、売上高は、製品や商品を出荷した時に計上する方法が多く見られますが、各々の企業の取引の実態に応じて、決定することとなります。（各論1）	収益は、商品等の販売や役務の給付に基づき認識され、企業は、各取引の実態に応じて、販売の事実を認識する時点を選択しなければならない。商品等の販売や役務の給付に基づく収益認識基準には、出荷基準、引渡基準、検収基準等がある。 (1) 一般的な販売契約における収益認識基準 | 区分 | 収益認識日 | |---|---| | 出荷基準 | 製品、商品等を出荷した時点 | | 引渡基準 | 製品、商品等を得意先に引き渡した時点 | | 検収基準 | 得意先が製品等の検収をした時点 | 上記のほか、輸出を伴う場合には、船積基準、通関基準等がある。 (2) 特殊な販売契約における収益認識基準 | 区分 | 収益認識日等 | |---|---| | 委託販売 | 委託者が委託品を販売した日（仕切精算書又は売上計算書に記録）。ただし、販売のつど送付されている場合には、当該仕切精算書が到達した日をもって売上収益の実現の日とみなすことができる。 | | 試用販売 | 得意先が買取りの意思を表示したとき。 | | 予約販売 | 予約金受取額のうち、事業年度の末日までに商品の引渡し又は役務の給付が完了した分。残額は貸借対照表の負債の部に記載して次期以降に繰り延べる。 |	

資料　中小会計要領・中小指針・会社計算規則の対照表

区分	項目	中小会計要領	中小指針	会社計算規則
収益・費用	収益の計上基準		割賦販売：原則として、商品等を引き渡した日。ただし、割賦金の回収期限の到来の日又は割賦金の入金の日とすることができる。 (3) その他 工事契約（受注製作のソフトウェアを含む。）：工事の進行途上においても、その進捗部分について成果の確実性が認められる場合には工事進行基準を適用し、この要件を満たさない場合には工事完成基準を適用する。成果の確実性が認められるためには、次の各要素について、信頼性をもって見積ることができなければならない。 (1) 工事収益総額 (2) 工事原価総額 (3) 決算日における工事進捗度 (指針73)	
	費用の計上基準	【解説】 　費用については、(2)にあるように、現金及び預金の支払いではなく、費用の発生原因となる取引の発生した時又はサービスの提供を受けた時に認識するのが原則的な考え方です（一般に「発生主義」といいます。）。 　ここで、適正な利益を計算するために、費用の計上は、(3)にあるように、一定の会計期間において計上した収益と対応させる考え方も必要となります。例えば、販売した製品や商品の売上原価は、売上高に対応させて	費用は、その支出（将来支出するものを含む。）に基づいた金額を、その性質により、収益に対応（個別対応又は期間対応）させ、その発生した期間に正しく計上する。具体的には、本指針の関連項目を参照する。(指針74)	

181

区分	項目	中小会計要領	中小指針	会社計算規則
収益・費用	費用の計上基準	費用として計上することが必要になります。 なお、(4)にあるように、収益と費用は原則として総額で計上する必要があります。例えば、賃借している建物を転貸する場合は、受取家賃と支払家賃の双方を計上することとなります。(各論1)		
資産・負債	資産の会計処理	【本文】 (1) 資産は、原則として、取得価額で計上する。(各論2) 【解説】 資産には、金銭債権、有価証券、棚卸資産、固定資産等が含まれますが、これらは原則として、(1)にあるように、取得価額、すなわち、資産を取得するために要した金額を基礎として、貸借対照表に計上します（一般に「取得原価主義」といいます。)。したがって、取得した後の時価の変動は、原則として、会計帳簿に反映されません。 なお、「取得価額」とは資産の取得又は製造のために要した金額のことをいい、例えば、購入品であれば、購入金額に付随費用を加えた金額をいいます。また、「取得原価」は取得価額を基礎として、適切に費用配分した後の金額のことをい		第5条 資産については、この省令又は法以外の法令に別段の定めがある場合を除き、会計帳簿にその取得価額を付さなければならない。 2 以下 略

資料　中小会計要領・中小指針・会社計算規則の対照表

区分	項目	中小会計要領	中小指針	会社計算規則
資産・負債	資産の会計処理	い、例えば、棚卸資産であれば、総平均法等により費用配分した後の金額をいいます。（各論2）		
	負債の会計処理	【本文】 (2) 負債のうち、債務は、原則として、債務額で計上する。（各論2） 【解説】 　負債には、金銭債務や引当金が含まれますが、このうち債務については、(2)にあるように、債務を弁済するために将来支払うべき金額、すなわち債務額で貸借対照表に計上します。（各論2）		第6条　負債については、この省令又は法以外の法令に別段の定めがある場合を除き、会計帳簿に債務額を付さなければならない。 2　以下　略
金銭債権	範囲	【解説】 　受取手形、売掛金、貸付金等の金銭債権（各論3）	金銭債権とは、金銭の給付を目的とする債権をいい、預金、受取手形、売掛金、貸付金等を含む。（指針10）	
	計算基準	【本文】 (1) 金銭債権は、原則として、取得価額で計上する。（各論3）	金銭債権には、その取得価額を付す。（指針11）	第5条　資産については、この省令又は法以外の法令に別段の定めがある場合を除き、会計帳簿にその取得価額を付さなければならない。 2　償却すべき資産については、事業年度の末日（事業年度の末日以外の日において評価すべき場合にあっては、その日。以下この編において同じ。）において、相当の償却をしなければならない。 3　次の各号に掲げる資産については、事業年

区分	項目	中小会計要領	中小指針	会社計算規則
金銭債権	計算基準			度の末日において当該各号に定める価格を付すべき場合には、当該各号に定める価格を付さなければならない。 一　事業年度の末日における時価がその時の取得原価より著しく低い資産（当該資産の時価がその時の取得原価まで回復すると認められるものを除く。）事業年度の末日における時価 二　事業年度の末日において予測することができない減損が生じた資産又は減損損失を認識すべき資産その時の取得原価から相当の減額をした額 4　取立不能のおそれのある債権については、事業年度の末日においてその時に取り立てることができないと見込まれる額を控除しなければならない。 5　債権については、その取得価額が債権金額と異なる場合その他相当の理由がある場合には、適正な価格を付すことができる。 6　次に掲げる資産については、事業年度の末日においてその時の時価又は適正な価格を付すことができる。

資料　中小会計要領・中小指針・会社計算規則の対照表

区分	項目	中小会計要領	中小指針	会社計算規則
金銭債権	計算基準			一　事業年度の末日における時価がその時の取得原価より低い資産 二　市場価格のある資産（子会社及び関連会社の株式並びに満期保有目的の債券を除く。） 三　前2号に掲げる資産のほか、事業年度の末日においてその時の時価又は適正な価格を付すことが適当な資産
	取得価額と債権金額が異なる場合	【解説】 　社債を額面金額未満で購入する場合は、決算において、額面金額と取得価額との差額を購入から償還までの期間で按分して受取利息として計上するとともに、貸借対照表の金額を増額させることができます。（各論3）	債権の支払日までの金利を反映して債権金額と異なる価額で債権を取得したときは、償却原価法に基づいて算定された価額をもって貸借対照表価額とする。償却原価法とは、金融資産を債権額と異なる金額で計上した場合において、当該差額に相当する金額を弁済期に至るまで毎期一定の方法で取得価額に加減する方法をいう。ただし、取得価額と債権金額との差額に重要性が乏しい場合には、決済時点において差額を損益として認識することもできる。（指針12）	第5条　略 2～4　略 5　債権については、その取得価額が債権金額と異なる場合その他相当の理由がある場合には、適正な価格を付すことができる。 6　略
	時価評価		市場価格のある金銭債権については、時価又は適正な価格をもって貸借対照表価額とし、評価差額は、当期の損益として処理することができる。（指針13）	第5条　略 2　略 3　次の各号に掲げる資産については、事業年度の末日において当該各号に定める価格を付すべき場合には、当該

185

区分	項目	中小会計要領	中小指針	会社計算規則
金銭債権	時価評価			各号に定める価格を付さなければならない。 一　事業年度の末日における時価がその時の取得原価より著しく低い資産（当該資産の時価がその時の取得原価まで回復すると認められるものを除く。）事業年度の末日における時価 二　略 4～5　略 6　次に掲げる資産については、事業年度の末日においてその時の時価又は適正な価格を付すことができる。 一　事業年度の末日における時価がその時の取得原価より低い資産 二　市場価格のある資産（子会社及び関連会社の株式並びに満期保有目的の債券を除く。） 三　前2号に掲げる資産のほか、事業年度の末日においてその時の時価又は適正な価格を付すことが適当な資産
	注記	【本文】 (3)　受取手形割引額及び受取手形裏書譲渡額は、貸借対照表の注記とする。（各論3）	手形の割引又は裏書及び金融機関等による金銭債権の買取りは、金銭債権の譲渡に該当する。したがって、手形割引時に、手形譲渡損が計上される。（指針14）	

区分	項目	中小会計要領	中小指針	会社計算規則
金銭債権	金銭債権の譲渡	【解説】 　取得価額で計上した受取手形を取引金融機関等で割り引いたり、裏書きをして取引先に譲渡した場合は、この受取手形は貸借対照表に計上されなくなりますが、経営者や金融機関が企業の資金繰り状況を見る上で、受取手形の割引額や裏書譲渡額の情報は重要であるため、受取手形割引額及び受取手形裏書譲渡額は注記することとなります。（各論3）	手形の割引又は裏書及び金融機関等による金銭債権の買取りは、金銭債権の譲渡に該当する。したがって、手形割引時に、手形譲渡損が計上される。（指針14）	
	貸借対照表上の表示		(1)　営業上の債権 　受取手形（通常の取引（当該会社の事業目的のための営業活動において、経常的に又は短期間に循環して発生する取引をいう。）に基づいて発生した手形債権）及び売掛金（通常の取引に基づいて発生した事業上の未収金）は、流動資産の部に表示する。ただし、これらの金銭債権のうち破産債権、再生債権、更生債権その他これらに準ずる債権で事業年度の末日の翌日から起算して1年以内に弁済を受けることができないことが明らかなものは、投資その他の資産の部に表示する。 (2)　営業上の債権以外の債権 　(1)以外の債権であっ	第74条　資産の部は、次に掲げる項目に区分しなければならない。この場合において、各項目（第二号に掲げる項目を除く。）は、適当な項目に細分しなければならない。 一　流動資産 二　固定資産 三　略 2　固定資産に係る項目は、次に掲げる項目に区分しなければならない。この場合において、各項目は、適当な項目に細分しなければならない。 一～二　略 三　投資その他の資産 3　次の各号に掲げる資産は、当該各号に定めるものに属するものとする。

区分	項目	中小会計要領	中小指針	会社計算規則
金銭債権	貸借対照表上の表示		て、事業年度の末日の翌日から起算して1年以内に現金化できると認められるものは、流動資産の部に表示し、それ以外のものは、投資その他の資産の部に表示する。 (3) 関係会社に対する金銭債権 　関係会社に対する金銭債権は、次のいずれかの方法により表示する。 ① その金銭債権が属する項目ごとに、他の金銭債権と区分して表示する。 ② その金銭債権が属する項目ごとに、又は2以上の項目について一括して、注記する。 (4) 受取手形割引額等 　受取手形割引額及び受取手形譲渡額は、注記を要求されない場合においても、それぞれ注記することが望ましい。(指針15)	一　次に掲げる資産 　流動資産 　イ　現金及び預金（一年内に期限の到来しない預金を除く。） 　ロ　受取手形（通常の取引（当該会社の事業目的のための営業活動において、経常的に又は短期間に循環して発生する取引をいう。以下この章において同じ。）に基づいて発生した手形債権（破産更生債権等（破産債権、再生債権、更生債権その他これらに準ずる債権をいう。以下この号において同じ。）で1年内に弁済を受けることができないことが明らかなものを除く。）をいう。） 　ハ　売掛金（通常の取引に基づいて発生した事業上の未収金（当該未収金に係る債権が破産更生債権等で一年内に弁済を受けることができないことが明らかなものである場合における当該未収金を除く。）をいう。）

資料　中小会計要領・中小指針・会社計算規則の対照表

区分	項目	中小会計要領	中小指針	会社計算規則
金銭債権	貸借対照表上の表示			ニ　所有権移転ファイナンス・リース取引におけるリース債権のうち、通常の取引に基づいて発生したもの（破産更生債権等で1年内に回収されないことが明らかなものを除く。）及び通常の取引以外の取引に基づいて発生したもので1年内に期限が到来するもの ホ　所有権移転外ファイナンス・リース取引におけるリース投資資産のうち、通常の取引に基づいて発生したもの（破産更生債権等で1年内に回収されないことが明らかなものを除く。）及び通常の取引以外の取引に基づいて発生したもので1年内に期限が到来するもの ヘ　売買目的有価証券及び1年内に満期の到来する有価証券 ト〜タ　略 レ　その他の資産であって、1年内に現金化することができると認められるもの

区分	項目	中小会計要領	中小指針	会社計算規則
金銭債権	貸借対照表上の表示			二〜三　略 四　次に掲げる資産　投資その他の資産 　イ　関係会社の株式（売買目的有価証券に該当する株式を除く。以下同じ。）その他流動資産に属しない有価証券 　ロ　略 　ハ　長期貸付金 　ニ　略 　ホ　所有権移転ファイナンス・リース取引におけるリース債権のうち第一号ニに掲げるもの以外のもの 　ヘ　所有権移転外ファイナンス・リース取引におけるリース投資資産のうち第一号ホに掲げるもの以外のもの 　ト　その他の資産であって、投資その他の資産に属する資産とすべきもの 　チ　その他の資産であって、流動資産、有形固定資産、無形固定資産又は繰延資産に属しないもの 五　略 4　前項に規定する「1年内」とは、次の各号に掲げる貸借対照表等

区分	項目	中小会計要領	中小指針	会社計算規則
金銭債権	貸借対照表上の表示			の区分に応じ、当該各号に定める日から起算して1年以内の日をいう（以下この編において同じ。）。 一　成立の日における貸借対照表　会社の成立の日 二　事業年度に係る貸借対照表　事業年度の末日の翌日 三　臨時計算書類の貸借対照表　臨時決算日の翌日 四　連結貸借対照表　連結会計年度の末日の翌日 第103条　貸借対照表等に関する注記は、次に掲げる事項（連結注記表にあっては、第六号から第九号までに掲げる事項を除く。）とする。 一　略 二　資産に係る引当金を直接控除した場合における各資産の資産項目別の引当金の金額（一括して注記することが適当な場合にあっては、各資産について流動資産、有形固定資産、無形固定資産、投資その他の資産又は繰延資産ごとに一括した引当金の金額） 三〜五　略 六　関係会社に対する

区分	項目	中小会計要領	中小指針	会社計算規則
金銭債権	貸借対照表上の表示			金銭債権又は金銭債務をその金銭債権又は金銭債務が属する項目ごとに、他の金銭債権又は金銭債務と区分して表示していないときは、当該関係会社に対する金銭債権又は金銭債務の当該関係会社に対する金銭債権又は金銭債務が属する項目ごとの金額又は2以上の項目について一括した金額 七　取締役、監査役及び執行役との間の取引による取締役、監査役及び執行役に対する金銭債権があるときは、その総額 八以下　略
	デリバティブ		デリバティブ取引により生じる正味の債権及び債務は、時価をもって貸借対照表価額とし、評価差額は、当期の損益として処理する。ただし、ヘッジ目的でデリバティブ取引を行った場合、ヘッジ対象資産に譲渡等の事実がなく、かつ、そのデリバティブ取引がヘッジ対象資産に係る損失発生のヘッジに有効である限り、損益の繰延べが認められる。（指針16）	第53条　次に掲げるものその他資産、負債又は株主資本若しくは社員資本以外のものであっても、純資産の部の項目として計上することが適当であると認められるものは、純資産として計上することができる。 一　資産又は負債（デリバティブ取引により生じる正味の資産又は負債を含む。以下この条において同じ。）につき時価を付すものとする場合における当該資産又は負債の評価差額

資料　中小会計要領・中小指針・会社計算規則の対照表

区分	項目	中小会計要領	中小指針	会社計算規則
金銭債権	デリバティブ			（利益又は損失に計上するもの並びに次号及び第三号に掲げる評価差額を除く。） 二　ヘッジ会計を適用する場合におけるヘッジ手段に係る損益又は評価差額 三　略
貸倒損失／貸倒引当金	貸倒損失	【本文】 (1)　倒産手続き等により債権が法的に消滅したときは、その金額を貸倒損失として計上する。 (2)　債務者の資産状況、支払能力等からみて回収不能な債権については、その回収不能を貸倒損失として計上する。（各論4） 【解説】 ○破産など、倒産手続き等により債権が法的に消滅した場合 　(1)にあるように、顧客や貸付先の倒産手続き等によって、又は債務の免除によって、債権が法的に消滅したときには、その消滅した金額を債権の計上額から直接減額するとともに、貸倒損失として費用に計上する必要があります。 ○債務者の資産状況、支払能力等からみて債権が回収不能と見込まれる場合	➤法的に債権が消滅した場合のほか、回収不能な債権がある場合は、その金額を貸倒損失として計上し、債権金額から控除しなければならない。（指針要点） (1)　「法的に債権が消滅した場合」とは、会社更生法による更生計画又は民事再生法による再生計画の認可が決定されたことにより債権の一部が切り捨てられることとなった場合等が該当する。また、「回収不能な債権がある場合」とは、債務者の財政状態及び支払能力から見て債権の全額が回収できないことが明らかである場合をいう。 (2)　損益計算書上は次のとおり表示する。 ①　営業上の取引に基づいて発生した債権に対するもの……販売費 ②　①、③以外のもの……営業外費用 ③　臨時かつ巨額のもの……特別損失	第5条　略 2～3　略 4　取立不能のおそれのある債権については、事業年度の末日においてその時に取り立てることができないと見込まれる額を控除しなければならない。 5以下　略

193

区分	項目	中小会計要領	中小指針	会社計算規則
貸倒損失／貸倒引当金	貸倒損失	法的に債権が消滅していないものの、(2)にあるように、その債務者の資産状況や支払能力等からみて、回収不能と見込まれる債権は、その金額を債権の計上額から直接減額するとともに、貸倒損失として費用に計上する必要があります。これには、債務者が相当期間債務超過の状態にあり、弁済することができないことが明らかである場合等が考えられます。（各論4）	（指針17）	
	貸倒引当金	【本文】 (3) 債務者の資産状況、支払能力等からみて回収不能のおそれのある債権については、その回収不能見込額を貸倒引当金として計上する。（各論4） 【解説】 ○債務者の資産状況、支払能力等からみて債権が回収不能のおそれがある場合 　未だ回収不能な状況とはなっていないものの、債務者の資産状況や支払能力等からみて、回収不能のおそれがある債権額については、(3)にあるように、回収不能と見込まれる金額で貸倒引当金を計	(1) 金銭債権について取立不能のおそれがある場合には、その取立不能見込額を貸倒引当金として計上しなければならない。 (2) 「取立不能のおそれがある場合」とは、債務者の財政状態、取立のための費用及び手続の困難さ等を総合し、社会通念に従って判断したときに回収不能のおそれがある場合をいう。 (3) 取立不能見込額は、債務者の財政状態及び経営成績に応じて次のように区分し、算定する。 | 区分 | 定義 | 算定方法 | |---|---|---| | 一般債権 | 経営状態に重大な問題が生じていない債権者に対する債権 | 債権全体又は同種・同類の債権ごとに、債権の状況に応じて求めた過去の貸倒 |	第5条　略 2～3　略 4　取立不能のおそれのある債権については、事業年度の末日においてその時に取り立てることができないと見込まれる額を控除しなければならない。 5以下　略 第78条　各資産に係る引当金は、次項の規定による場合のほか、当該各資産の項目に対する控除項目として、貸倒引当金その他当該引当金の設定目的を示す名称を付した項目をもって表示しなければならない。ただし、流動資産、有形固定資産、無形固定資産、投

資料　中小会計要領・中小指針・会社計算規則の対照表

区分	項目	中小会計要領	中小指針	会社計算規則
貸倒損失／貸倒引当金	貸倒引当金	上し、貸倒引当金繰入額を費用として計上します。（各論4） 決算期末における貸倒引当金の計算方法としては、債権全体に対して法人税法上の中小法人に認められている法定繰入率で算定することが実務上考えられます。また、過去の貸倒実績率で引当金額を見積もる方法等も考えられます。（各論4）	【一般債権】実績率等の合理的な基準により算定する（貸倒実績率法）。 【貸倒懸念債権】経営破綻の状態には至っていないが、債務の弁済に重大な問題が生じているか又は生じる可能性の高い債務者に対する債権 — 原則として、債権金額から担保の処分見込額及び保証による回収見込額を減額し、その残額について債務者の財政状態及び経営成績を考慮して算定する。 【破産更生債権等】経営破綻又は実質的に経営破綻に陥っている債務者に対する債権 — 債権金額から担保の処分見込額及び保証による回収見込額を減額し、その残額を取立不能額とする。 なお、本指針においては、次に掲げる法人税法の区分に基づいて算定される貸倒引当金繰入限度額が明らかに取立不能見込額に満たない場合を除き、繰入限度額相当額をもって貸倒引当金とすることができる。 【一括評価金銭債権】定義：個別評価金銭債権以外の金銭債権／繰入限度額：債権金額に過去3年間の貸倒実績率又は法人税法に規定する法定繰入率を乗じた金額 【個別評価金銭債権】定義：再生計画の認可決定により5年を超えて賦払いにより弁済される等の法律による長期棚上げ債権／繰入限度額：債権金額のうち5年を超えて弁済される部分の金額（担保権の実行その他により取立て等の見込みが	資その他の資産又は繰延資産の区分に応じ、これらの資産に対する控除項目として一括して表示することを妨げない。 2　各資産に係る引当金は、当該各資産の金額から直接控除し、その控除残高を当該各資産の金額として表示することができる。 第103条　貸借対照表等に関する注記は、次に掲げる事項（連結注記表にあっては、第六号から第九号までに掲げる事項を除く。）とする。 一　略 二　資産に係る引当金を直接控除した場合における各資産の資産項目別の引当金の金額（一括して注記することが適当な場合にあっては、各資産について流動資産、有形固定資産、無形固定資産、投資その他の資産又は繰延資産ごとに一括した引当金の金額） 三以下　略

195

区分	項目	中小会計要領	中小指針		会社計算規則
貸倒損失／貸倒引当金	貸倒引当金		個別評価金銭債権	債務超過が1年以上継続し事業好転の見通しのない場合等の回収不能債権	あると認められる部分の金額を除く。）
					債権金額（担保権の実行その他により取立て等の見込みがあると認められる部分の金額を除く。）
				破産申立て、更生手続等の開始申立てや手形取引停止処分があった場合等における金銭債権	債権金額（実質的に債権と見られない部分の金額及び担保権の実行、金融機関等による保証債務の履行その他により取立て等の見込みがあると認められる部分の金額を除く。）の50％相当額

(4) 貸借対照表上の表示
　　貸倒引当金は、原則として対象となった各項目ごとに控除形式で表示する。
　　ただし、流動資産又は投資その他の資産から一括して控除形式で表示する方法、又は対象となった項目から直接控除して注記する方法によることもできる。

(5) 損益計算書上の表示
　　貸倒引当金の繰入、戻入（取崩し）は債権の区分ごとに行う。当期に直接償却により債権額と相殺した後、貸倒引当金に期末残高があるときは、これを当期繰入額と相殺

資料 中小会計要領・中小指針・会社計算規則の対照表

区分	項目	中小会計要領	中小指針	会社計算規則
貸倒損失／貸倒引当金	貸倒引当金		し、繰入額の方が多い場合は、その差額を貸倒引当金繰入額として、次のとおり表示する。 ① 営業上の取引に基づいて発生した債権に対するもの……販売費 ② ①、③以外のもの……営業外費用 ③ 臨時かつ巨額のもの……特別損失 　また、取崩額の方が多い場合は、その取崩差額を特別利益に計上する。なお、繰入及び戻入については、実務上、いわゆる洗替方式による処理が行われていることが少なくないが、上記の取扱いにより表示されることに留意する。（指針18）	
有価証券	計上基準	【本文】 (1) 有価証券は、原則として、取得原価で計上する。 (2) 売買目的の有価証券を保有する場合は、時価で計上する。（各論5） 【解説】 　期末の有価証券は、原則として、取得原価で計上します。ただし、(2)にあるとおり、短期間の価格変動により利益を得る目的で相当程度の反復的な購入と売却が行われる、法人税法の規定にある売買目的有価証券は、	➤有価証券は、「売買目的有価証券」に該当する場合を除き、取得原価をもって貸借対照表価額とすることができる。 ただし、「その他有価証券」に該当する市場価格のある株式を多額に保有している場合には、当該有価証券を時価をもって貸借対照表価額とし、評価差額（税効果考慮後の額）は純資産の部に計上する。（指針要点）	第5条　資産については、この省令又は法以外の法令に別段の定めがある場合を除き、会計帳簿にその取得価額を付さなければならない。 2以下　略

197

区分	項目	中小会計要領	中小指針	会社計算規則
有価証券	計上基準	時価で計上します（上場株式であることが想定されます）。（各論5）		
	分類と会計処理の概要		有価証券は、保有目的等の観点から以下の4つに分類し、それぞれ次のように会計処理する。 | 分類 | 貸借対照表価額 | 評価差額 | |---|---|---| | 売買目的有価証券 | 時価 | 損益（営業外損益） | | 満期保有目的の債券 | 償却原価（取得原価） | 償却原価法による差額：営業外損益 | | 子会社株式及び関連会社株式 | 取得原価 | 該当なし | | その他有価証券 市場価格あり | 時価 | 純資産の部（税効果考慮後の額）（全部純資産直入法の場合） | | その他有価証券 市場価格なし | 取得原価（債権：償却原価） | 該当なし（償却原価法による差額：営業外損益） | (1) 売買目的有価証券 　売買目的有価証券とは、時価の変動により利益を得ることを目的として保有する有価証券をいう。売買目的有価証券については、時価をもって貸借対照表価額とし、評価差額は当期の損益（営業外損益）として処理す	第5条　略 2　略 3　次の各号に掲げる資産については、事業年度の末日において当該各号に定める価格を付すべき場合には、当該各号に定める価格を付さなければならない。 一　事業年度の末日における時価がその時の取得原価より著しく低い資産（当該資産の時価がその時の取得原価まで回復すると認められるものを除く。）事業年度の末日における時価 二　事業年度の末日において予測することができない減損が生じた資産又は減損損失を認識すべき資産　その時の取得原価から相当の減額をした額 4～5　略 6　次に掲げる資産については、事業年度の末日においてその時の時価又は適正な価格を付すことができる。 一　事業年度の末日における時価がその時の取得原価より低い資産 二　市場価格のある資

区分	項目	中小会計要領	中小指針	会社計算規則
有価証券	分類と会計処理の概要		る。本指針においては、売買目的有価証券とその他有価証券との区分を法人税法の規定に従って分類することも認められる。法人税法の規定において、売買目的有価証券とは、短期的な価格の変動を利用して利益を得る目的で取得した有価証券（企業支配株式を除く。）であって、以下に掲げるものとされている。 ① 専担者売買有価証券（トレーディング目的の専門部署を設置している場合に、その目的のために取得した有価証券） ② 短期売買有価証券（短期売買目的で取得したものである旨を帳簿書類に記載した有価証券） ③ 金銭の信託に属する有価証券（金銭の信託のうち信託財産として短期売買目的の有価証券を取得する旨を他の金銭の信託と区分して帳簿書類に記載したもの） (2) 満期保有目的の債券 満期保有目的の債券とは、満期まで所有する意図をもって保有する社債その他の債券（満期まで所有する意図をもって取得したものに限る。）をいう。満期保有目的の債券については、取得原価	産（子会社及び関連会社の株式並びに満期保有目的の債券を除く。） 三 前2号に掲げる資産のほか、事業年度の末日においてその時の時価又は適正な価格を付すことが適当な資産

199

区分	項目	中小会計要領	中小指針	会社計算規則
有価証券	分類と会計処理の概要		をもって貸借対照表価額とする。ただし、取得価額と債券金額の差額が金利の調整と認められるときは、償却原価法により処理する。 (3) 子会社株式及び関連会社株式 　子会社株式及び関連会社株式については、取得原価をもって貸借対照表価額とする。 (4) その他有価証券 　その他有価証券とは、売買目的有価証券、満期保有目的の債券、子会社株式及び関連会社株式以外の有価証券をいう。 　その他有価証券について、市場価格のある場合には、時価をもって貸借対照表価額とし、評価差額（税効果考慮後の額）は洗替方式に基づき、全部純資産直入法又は部分純資産直入法により処理する。ただし、市場価格のあるその他有価証券を保有していても、それが多額でない場合には、取得原価をもって貸借対照表価額とすることもできる。 　また、その他有価証券について、市場価格のない場合には、取得原価をもって貸借対照表価額とする。 　なお、債券について、取得価額と債券金額との差額の性格が金利の調整と認められるときは、償却	

資料　中小会計要領・中小指針・会社計算規則の対照表

区分	項目	中小会計要領	中小指針	会社計算規則
有価証券	分類と会計処理の概要		原価法に基づいて算定された価額をもって貸借対照表価額とする。(指針19)	
	取得価額		有価証券の取得時における付随費用（支払手数料等）は、取得した有価証券の取得価額に含める。なお、期末に保有している有価証券を時価評価する場合、その時価には取得又は売却に要する付随費用を含めない。(指針20)	
	評価方法	【本文】 (3) 有価証券の評価方法は、総平均法、移動平均法等による。(各論5) 【解説】 　有価証券は、(3)にあるように、総平均法、移動平均法等により、期末の金額（取得原価）を計算します。(各論5)	取得原価の評価方法は、移動平均法又は総平均法による。(指針21)	
	評価減（減損）	【本文】 (4) 時価が取得原価よりも著しく下落したときは、回復の見込みがあると判断した場合を除き、評価損を計上する。(各論5) 【解説】 　取得原価で評価した有価証券については、時価が取得原価よりも著しく下落したときは、回復の見込みがあるかないかを判断します。ここで、(4)にあるように、回復の見込みがあると判断した場合	(1) 市場価格のある有価証券の減損処理 　満期保有目的の債券、子会社株式及び関連会社株式並びにその他有価証券のうち市場価格のあるものについて、時価が著しく下落したときは、回復する見込みがあると認められる場合を除き、時価をもって貸借対照表価額とし、評価差額は当期の損失として処理しなければならない。 　市場価格のある有価証券の時価が「著しく下落した」ときとは、少なく	第5条　略 2　略 3　次の各号に掲げる資産については、事業年度の末日において当該各号に定める価格を付すべき場合には、当該各号に定める価格を付さなければならない。 一　略 二　事業年度の末日において予測することができない減損が生じた資産又は減損損失を認識すべき資産　その時の取得原価から相当の減額をした

201

区分	項目	中小会計要領	中小指針	会社計算規則
有価証券	評価減（減損）	を除き、評価損を計上することが必要となります。　著しく下落したときとは、個々の銘柄の有価証券の時価が取得原価に比べて50％程度以上下落した場合には、該当するものと考えられます。有価証券の時価は、上場株式のように市場価格があるものについては容易に把握できますが、非上場株式については、一般的には把握することが難しいものと考えられます。時価の把握が難しい場合には、時価が取得原価よりも著しく下落しているかどうかの判断が困難になると考えられますが、例えば、大幅な債務超過等でほとんど価値がないと判断できるものについては、評価損の計上が必要と考えられます。(各論5)	とも個々の銘柄の有価証券の時価が、取得原価に比べて50％程度以上下落した場合をいう。この場合には、合理的な反証がない限り、時価が取得原価まで回復する見込みがあるとは認められないため、減損処理を行わなければならない。 (2) 市場価格のない有価証券の減損処理 　市場価格のない株式について、発行会社の財政状態の悪化により実質価額が著しく低下したときは、相当の減額を行い、評価差額は当期の損失として処理しなければならない。 　市場価格のない株式の実質価額が「著しく低下したとき」とは、少なくとも株式の実質価額が取得原価に比べて50％程度以上低下した場合をいう。ただし、市場価格のない株式の実質価額について、回復可能性が十分な証拠によって裏付けられる場合には、期末において相当の減額をしないことも認められる。 　なお、有価証券の減損処理を行った場合には、当該時価（(1)の場合）又は実質価額（(2)の場合）を翌期首の取得原価とする。 　有価証券の減損処理に	額 4以下　略

区分	項目	中小会計要領	中小指針	会社計算規則
有価証券	評価減（減損）		ついて、法人税法に定める処理に拠った場合と比べて重要な差異がないと見込まれるときは、法人税法の取扱いに従うことが認められる。(指針22)	
	貸借対照表上の表示		売買目的有価証券及び事業年度の末日後1年以内に満期の到来する社債その他の債券は流動資産に属するものとし、それ以外の有価証券は、投資その他の資産に属するものとする。 例えば、売買目的有価証券以外に流動資産の有価証券に含まれるものの例としては次のものがある。 (1) 1年以内に満期が到来するCD及びコマーシャル・ペーパー (2) 契約型投信及び貸付信託の受益証券のうち以下のもの ① 1年以内に償還されるもの ② 預金と同様の性格を有するもの（MMF、MRF、中期国債ファンド、信託銀行が一般顧客に一律の条件で発行する貸付信託の受益証券等） したがって、保有する株式がその他有価証券に該当する場合には、投資有価証券（固定資産）として記載する。(指針23)	第74条　略 2　略 3　次の各号に掲げる資産は、当該各号に定めるものに属するものとする。 一　次に掲げる資産　流動資産 　イ〜ホ　略 　ヘ　売買目的有価証券及び1年以内に満期の到来する有価証券 　ト〜レ　略 二〜三　略 四　次に掲げる資産　投資その他の資産 　イ　関係会社の株式（売買目的有価証券に該当する株式を除く。以下同じ。）その他流動資産に属しない有価証券 　ロ〜チ　略 五　略 4　略 第82条　関係会社の株式又は出資金は、関係会社株式又は関係会社出資金の項目をもって別に表示しなければならない。 2　略

区分	項目	中小会計要領	中小指針	会社計算規則
有価証券	損益計算書上の表示		有価証券の売却損益の損益計算書上の表示区分は、次のようになる（指針24）。 | 有価証券の分類	売却損益の表示区分等
---	---
売買目的有価証券	営業外損益（売却益と売却損は相殺する。）
子会社株式及び関連会社株式	特別損益（売却益と売却損は相殺しない。）
その他有価証券	臨時的なもの…特別損益（業務上の関係を有する株式の売却等） それ以外…営業外損益（市場動向の推移をみながら売却することを目的として取得したもの（純投資目的）等）		
棚卸資産	範囲	【解説】 　商品、製品、半製品、仕掛品、原材料等の棚卸資産（各論6）	棚卸資産とは、商品又は製品（副産物及び作業くずを含む。）、半製品、仕掛品（半成工事を含む。）、主要原材料、補助原材料、消耗品で貯蔵中のもの、その他これらに準ずるものをいう。 　なお、本指針における棚卸資産とは、通常の販売目的（販売するための製造目的を含む。）で保有する棚卸資産をいうものとする。（指針25）	第74条　略 2　略 3　次の各号に掲げる資産は、当該各号に定めるものに属するものとする。 一　次に掲げる資産 　流動資産 　イ〜ヘ　略 　ト　商品（販売の目的をもって所有する土地、建物その他の不動産を含む。） 　チ　製品、副産物及び作業くず 　リ　半製品（自製部分品を含む。） 　ヌ　原料及び材料（購入部分品を含む。） 　ル　仕掛品及び半成工事 　ヲ　消耗品、消耗工

資料　中小会計要領・中小指針・会社計算規則の対照表

区分	項目	中小会計要領	中小指針	会社計算規則
棚卸資産	範囲			具、器具及び備品 その他の貯蔵品であって、相当な価額以上のもの ワ～レ　略 ニ～五　略 4　略
	取得価額と取得原価	【解説】 　商品、製品、半製品、仕掛品、原材料等の棚卸資産は、購入金額に付随費用を加えた購入時の金額（取得価額）に基づき、また、製造業の場合は、製品製造のために使用した材料費、労務費及び製造経費を積算し、取得原価を計算します。 （各論6）	(1) 取得価額 　棚卸資産の取得価額は、次のとおりとする。 ① 購入した棚卸資産 　その資産の購入の代価（引取運賃、荷役費、運送保険料、購入手数料、関税その他購入のために要した費用がある場合には、その費用の額を加算した金額）とその資産を消費し又は販売の用に供するために直接要した費用の額の合計額 ② 自己の製造等に係る棚卸資産 　その資産の製造等のために要した原材料費、労務費、及び経費の額とその資産を消費し又は販売の用に供するために直接要した費用の額の合計額 ③ 上記以外の方法により取得をした棚卸資産 　その取得の時におけるその資産の取得のために通常要する価額とその資産を消費し又は販売の用に供するために直接要した費用の額の合計額	第5条　資産については、この省令又は法以外の法令に別段の定めがある場合を除き、会計帳簿にその取得価額を付さなければならない。 2以下　略

205

区分	項目	中小会計要領	中小指針	会社計算規則
棚卸資産	取得価額と取得原価		(2) 少額の付随費用 　整理、選別、手入れ等に要した費用の額その他一定の費用の額で少額の付随費用等は、取得価額に算入しないことができる。(指針26)	
	計上基準と評価基準	【本文】 (1) 棚卸資産は、原則として、取得原価で計上する。 (2) 棚卸資産の評価基準は、原価法又は低価法による。(各論6) 【解説】 　(1)にあるように、棚卸資産は、原則として、取得原価で計上します。(2)では、棚卸資産の評価基準は、原価法又は低価法によるとされていますが、原価法とは、取得原価により期末棚卸資産を評価する方法で、低価法とは、期末における時価が取得原価よりも下落した場合に、時価によって評価する方法です。(各論6)		第5条　資産については、この省令又は法以外の法令に別段の定めがある場合を除き、会計帳簿にその取得価額を付さなければならない。 2～5　略 6　次に掲げる資産については、事業年度の末日においてその時の時価又は適正な価格を付すことができる。 　一　事業年度の末日における時価がその時の取得原価より低い資産 　二　市場価格のある資産（子会社及び関連会社の株式並びに満期保有目的の債券を除く。） 　三　前2号に掲げる資産のほか、事業年度の末日においてその時の時価又は適正な価格を付すことが適当な資産
	評価損（減損）	【本文】 (4) 時価が取得原価よりも著しく下落したときは、回復の見込みがあると判断した場合を除き、評価損を計上す	(1) 棚卸資産の期末における時価が帳簿価額より下落し、かつ、金額的重要性がある場合には、時価をもって貸借対照表価額とする。	第5条　略 2　略 3　次の各号に掲げる資産については、事業年度の末日において当該各号に定める価格を付

資料　中小会計要領・中小指針・会社計算規則の対照表

区分	項目	中小会計要領	中小指針	会社計算規則
棚卸資産	評価損（減損）	る。（各論6） 【解説】 　原価法により評価した場合であっても、時価が取得原価よりも著しく下落したときは、回復の見込みがあるかないかを判断します。ここで、(4)にあるように、回復の見込みがあると判断した場合を除き、評価損を計上することが必要となります。 　棚卸資産の時価は、商品、製品等については、個々の商品等ごとの売価か最近の仕入金額により把握することが考えられます。 　時価を把握することが難しい場合には、時価が取得原価よりも著しく下落しているかどうかの判断が困難になると考えられますが、例えば、棚卸資産が著しく陳腐化したときや、災害により著しく損傷したとき、あるいは、賞味期限切れや雨ざらし等でほとんど価値がないと判断できるものについては、評価損の計上が必要と考えられます。（各論6）	なお、次の事実が生じた場合には、その事実を反映させて帳簿価額を切り下げなければならないことに留意する必要がある。 ①　棚卸資産について、災害により著しく損傷したとき ②　著しく陳腐化したとき ③　上記に準ずる特別の事実が生じたとき (2)　(1)における時価とは、原則として正味売却価額（売却市場における時価から見積追加製造原価及び見積販売直接経費を控除した金額）をいう。（指針27）	すべき場合には、当該各号に定める価格を付さなければならない。 一　事業年度の末日における時価がその時の取得原価より著しく低い資産（当該資産の時価がその時の取得原価まで回復すると認められるものを除く。）事業年度の末日における時価 二　略 4以下　略
	評価方法	【本文】 (3)　棚卸資産の評価方法は、個別法、先入先出法、総平均法、移動平均法、最終仕入原価法、売価還元法等による。（各論6）	棚卸資産の評価方法は、個別法、先入先出法、総平均法、移動平均法、売価還元法等、一般に認められる方法による。 なお、期間損益の計算上著しい弊害がない場合に	

区分	項目	中小会計要領	中小指針	会社計算規則
棚卸資産	評価方法	【解説】 (3)にあるように、個別法、先入先出法、総平均法、移動平均法、最終仕入原価法、売価還元法等により期末の金額（取得原価）を計算します。（各論6）	は、最終仕入原価法を用いることもできる。（指針28）	
	損益計算書上の表示及び注記		(1) 棚卸資産に係る簿価切下額は、次のとおり表示する。 ① ②、③以外のもの……売上原価 ② 棚卸資産の製造に関連して発生するもの……製造原価 ③ 臨時の事象に起因し、かつ、多額であるもの……特別損失 (2) 棚卸資産に係る簿価切下額のうち、重要性のあるものについては、注記による方法又は売上原価等の内訳項目として表示することが望ましい。（指針29）	
経過勘定	会計処理	【本文】 (1) 前払費用及び前受収益は、当期の損益計算に含めない。 (2) 未払費用及び未収収益は、当期の損益計算に反映する。（各論7） 【解説】 　経過勘定は、サービスの提供の期間とそれに対する代金の授受の時点が異なる場合に、その差異を処理する勘定科目で	➢前払費用及び前受収益は、当期の損益計算に含めず、未払費用及び未収収益は当期の損益計算に含めなければならない。 ➢前払費用、前受収益、未払費用及び未収収益等については、重要性の乏しいものは、経過勘定項目として処理しないことができる。（指針要点）	

資料　中小会計要領・中小指針・会社計算規則の対照表

区分	項目	中小会計要領	中小指針	会社計算規則
経過勘定	会計処理	す。損益計算書に計上される費用と収益は、現金の受払額ではなく、その発生した期間に正しく割当てる必要があるからです。（各論7）		
	定義	【解説】 ○前払費用 　内　容：決算期末においていまだ提供を受けていないサービスに対して支払った対価 　具体例：前払いの支払家賃や支払保険料、支払利息等 ○前受収益 　内　容：決算期末においていまだ提供していないサービスに対して受け取った対価 　具体例：前受けの家賃収入や受取利息等 ○未払費用 　内　容：既に提供を受けたサービスに対して、決算期末においていまだその対価を支払っていないもの 　具体例：後払いの支払家賃や支払利	(1) 前払費用 　前払費用は、一定の契約に従い、継続して役務の提供を受ける場合、いまだ提供されていない役務に対して支払われた対価をいい、前払利息、前払保険料、前払家賃、前払保証料等が該当する。 　前払費用は、このような役務提供契約以外の契約等による前払金とは区別しなければならない。 (2) 前受収益 　前受収益は、一定の契約に従い、継続して役務の提供を行う場合、いまだ提供していない役務に対して支払を受けた対価をいい、前受利息、前受家賃等が該当する。 　前受収益は、このような役務提供契約以外の契約等による前受金とは区別しなければならない。 (3) 未払費用 　未払費用は、一定の契約に従い、継続して役務の提供を受ける場合、既に提供された役務に対していまだその対価の支払が終らないものをいい、未払利息、未払家賃、未払給料、未払社会保険料等が該当する。	

区分	項目	中小会計要領	中小指針	会社計算規則
経過勘定	定義	息、従業員給料等 ○未収収益 　内　容：既に提供したサービスに対して、決算期末においてまだその対価を受け取っていないもの 　具体例：後払いの家賃収入や受取利息等 （各論7）	未払費用は、このような役務提供契約以外の契約等による未払金とは区別しなければならない。 (4)　未収収益 　未収収益とは、一定の契約に従い、継続して役務の提供を行う場合、既に提供した役務に対しいまだその対価の支払を受けていないものをいい、未収利息、未収家賃等が該当する。 　未収収益は、このような役務提供契約以外の契約等による未収金とは区別しなければならない。 （指針30）	
	概念	【解説】 　経過勘定には、「前払費用」、「前受収益」、「未払費用」及び「未収収益」があります。その内容は表1のとおりです。 　「前払費用」と「前受収益」は、翌期以降においてサービスの提供を受けた、もしくは提供した時点で費用又は収益となるため、(1)にあるように、当期の損益計算には含めないことになります。 　「未払費用」と「未収収益」は、当期において既にサービスの提供を受けている、もしくは提供しているので、(2)にあるように、当期の損益計算に反映することになります。 （各論7） ※図表略	(1)　費用については発生したものを損益計算書に計上し、収益については実現したものを損益計算書に計上しなければならず、当期の費用及び収益でない前払費用及び前受収益は当期の損益計算書から除去し、当期の費用又は収益とすべき未払費用及び未収収益は当期の損益計算書に計上するための経過勘定項目として貸借対照表に計上する。	

資料　中小会計要領・中小指針・会社計算規則の対照表

区分	項目	中小会計要領	中小指針	会社計算規則
経過勘定	概念	【解説】 　金額的な重要性の乏しいものについては、受け取った又は支払った期の収益又は費用として処理することも認められます。（解説7）	(2) 前払費用、未収収益、未払費用及び前受収益のうち、重要性の乏しいものについては、経過勘定として処理しないことができる。また、本指針においては、前払費用のうち当期末においてまだ提供を受けていない役務に対応する前払費用の額で、支払日から1年以内に提供を受ける役務に対応する金額については、継続適用を条件に費用処理することができる。 (3) 立替金、仮払金、仮受金等の項目のうち、金額の重要なものについては、適正な項目を付して資産又は負債として計上し、また、当期の費用又は収益とすべき金額については、適正な項目に計上して費用又は収益として処理しなければならない。（指針31）	
	貸借対照表上の表示		経過勘定は、次のように貸借対照表に表示する。 |	表示項目	表示箇所
---	---	---
前払費用	前払費用	流動資産
	長期前払費用（事業年度の末日後1年を超えて費用となる部分）	投資その他の資産
前受収益	前受収益	流動負債
	長期前受収益（事業年度の末日後1年を超えて収益となる部分）	固定負債
未払費用	未払費用	流動負債
未収収益	未収収益	流動資産		第74条　略 2　略 3　次の各号に掲げる資産は、当該各号に定めるものに属するものとする。 一　次に掲げる資産 　流動資産 　　イ～ワ　略 　　カ　前払費用であって、1年内に費用となるべきもの 　　ヨ　未収収益 　　タ～レ　略

区分	項目	中小会計要領	中小指針	会社計算規則
経過勘定	貸借対照表上の表示			二〜五　略 4　略 第75条　略 2　略 　一　次に掲げる負債 　　　流動負債 　　　　イ〜ホ　略 　　　　ヘ　未払費用 　　　　ト　前受収益 　　　　チ〜ル　略 　二　略
固定資産	概念	【本文】 (1)　固定資産は、有形固定資産（建物、機械装置、土地等）、無形固定資産（ソフトウェア、借地権、特許権、のれん等）及び投資その他の資産に分類する。 (2)　固定資産は、原則として、取得原価で計上する。（各論8） 【解説】 　固定資産は、長期間にわたり企業の事業活動に使用するために所有する資産であり、(1)にあるように、有形固定資産、無形固定資産及び投資その他の資産に分類されます。 　固定資産の取得価額は、購入金額に引取費用等の付随費用を加えて計算します。 　(2)にあるように、固定資産は、原則として、取得原価で計上します。（各論8）		第74条　略 2　略 　一　有形固定資産 　二　無形固定資産 　三　投資その他の資産 3　略 　一　略 　二　次に掲げる資産 　　（略）有形固定資産 　　イ　建物及び暖房、照明、通風等の付属設備 　　ロ　構築物（略） 　　ハ　機械及び装置並びにホイスト、コンベヤー、起重機等の搬送設備その他の付属設備 　　ニ　船舶及び水上運搬具 　　ホ　鉄道車両、自動車その他の陸上運搬具 　　ヘ　工具、器具及び備品（略） 　　ト　土地 　　チ　リース資産（略） 　　リ　建設仮勘定（略）

資料　中小会計要領・中小指針・会社計算規則の対照表

区分	項目	中小会計要領	中小指針	会社計算規則
固定資産	概念			ヌ　略 三　次に掲げる資産 　　無形固定資産 　イ　特許権 　ロ　借地権（地上権を含む。） 　ハ　商標権 　ニ　実用新案権 　ホ　意匠権 　ヘ　鉱業権 　ト　漁業権（入漁権を含む。） 　チ　ソフトウエア 　リ　のれん 　ヌ　リース資産（略） 　ル　略 四　次に掲げる資産 　　投資その他の資産 　イ　関係会社の株式（略）その他流動資産に属しない有価証券 　ロ　出資金 　ハ　長期貸付金 　ニ　次に掲げる繰延税金資産 　　(1)　有形固定資産……に関連する繰延税金資産 　　(2)　略 　ホ〜チ　略 　五　略 4　略
	取得価額		有形固定資産及び無形固定資産の取得価額は、次のとおりとする。 (1) 原則 　固定資産の取得価額は、購入代価等に、買入手数料、運送費、引取運	

区分	項目	中小会計要領	中小指針	会社計算規則
固定資産	取得価額		賃、据付費、試運転費等の付随費用を加えた金額とする。 (2) 少額の付随費用 　付随費用が少額である場合は、取得価額に算入しないことができる。 (3) 少額の減価償却資産 　減価償却資産のうち取得価額が少額のものについては、その取得した事業年度において費用処理することができる。（指針33）	
	減価償却	【本文】 (3) 有形固定資産は、定率法、定額法等の方法に従い、相当の減価償却を行う。 (5) 固定資産の耐用年数は、法人税法に定める期間等、適切な利用期間とする。（各論8） 【解説】 　建物や機械装置等の有形固定資産は、通常、使用に応じてその価値が下落するため、一定の方法によりその使用可能期間（耐用年数）にわたって減価償却費を計上する必要があります。具体的には、(3)にあるように、定率法、定額法等の方法に従い、相当の減価償却を行うことになります。 　定額法とは、毎期一定の額で償却する方法であり、定率法とは、毎期一	有形固定資産の減価償却の方法は、定率法、定額法その他の方法に従い、毎期継続して適用し、みだりに変更してはならない。なお、減価償却は、固定資産を事業の用に供したときから開始する。 　減価償却における耐用年数や残存価額は、その資産の性質、用途、使用状況等に応じて合理的に決定しなければならない。ただし、法人税法上の耐用年数を用いて計算した償却限度額を減価償却費として計上することも認められる。 　算定された減価償却費は、その性質に応じて製品原価又は期間費用として処理する。減価償却計算に適用した耐用年数又は残存価額が、その設定に当たり予測できなかった機能的原因等により著しく不合理となった場合等には、耐用年	第5条　略 2　償却すべき資産については、事業年度の末日（事業年度の末日以外の日において評価すべき場合にあっては、その日。以下この編において同じ。）において、相当の償却をしなければならない。 3 以下　略

資料　中小会計要領・中小指針・会社計算規則の対照表

区分	項目	中小会計要領	中小指針	会社計算規則
固定資産	減価償却	定の率で償却する方法です。法人税法に定められた計算方法によることができます。 　減価償却は、固定資産の耐用年数にわたって行います。実務上は、(5)にあるように、法人税法に定める期間を使うことが一般的です。ただし、その資産の性質、用途、使用状況等を考慮して、適切な利用期間を耐用年数とすることも考えられます。 「相当の減価償却」とは、一般的に、耐用年数にわたって、毎期、規則的に減価償却を行うことが考えられます。（各論8） 【本文】 (4)　無形固定資産は、原則として定額法により、相当の減価償却を行う（各論8）。 【解説】 　有形固定資産と同様の考え方により、無形固定資産は、(4)にあるように、原則として定額法により、相当の減価償却を行うことになります。 「相当の減価償却」とは、一般的に、耐用年数にわたって、毎期、規則的に減価償却を行うことが考えられます。（各論8）	数又は残存価額を修正し、これに基づき過年度における減価償却累計額を修正し、その修正額を特別損失に計上する。 　租税特別措置法による特別償却のうち、一時償却額は、重要性の乏しい場合を除きその他利益剰余金の区分における積立て及び取崩しにより繰延税金負債を控除した金額を特別償却準備金として計上する。 　なお、無形固定資産の減価償却の方法は、定額法その他の方法に従い、毎期継続して適用する（指針34）。 　無形固定資産の減価償却の方法は、定額法その他の方法に従い、毎期継続して適用する（指針34）。	

215

区分	項目	中小会計要領	中小指針	会社計算規則
固定資産	圧縮記帳		固定資産の圧縮記帳の会計処理は、原則として、その他利益剰余金の区分における積立て及び取崩しにより圧縮額から繰延税金負債を控除した純額を積立金として計上する。 ただし、国庫補助金、工事負担金等で取得した資産については、直接減額方式による圧縮記帳をすることができる。また、交換、収用等及び特定の資産の買換えで交換に準ずると認められるものにより取得した固定資産についても、直接減額方式に準じた処理も認められる。(指針35)	
	評価減（減損）	【本文】 (6) 固定資産について、災害等により著しい資産価値の下落が判明したときは、評価損を計上する。（各論8） 【解説】 なお、減価償却により毎期、費用を計上していても、例えば、災害にあったような場合等予測することができない著しい資産価値の下落が生じる場合があります。このような場合には、(6)にあるように、相当の金額を評価損として計上する必要があります。（各論8）	固定資産について予測することができない減損が生じたときは、その時の取得原価から相当の減額をしなければならない。 減損損失の認識及びその額の算定に当たって、減損会計基準の適用による技術的困難性等を勘案し、本指針では、資産の使用状況に大幅な変更があった場合に、減損の可能性について検討することとする。 具体的には、固定資産としての機能を有していても将来使用の見込みが客観的にないこと又は固定資産の用途を転用したが採算が見込めないことのいずれかに該当し、かつ、時価が著しく下落している場合には減損損失を認識するものとす	第5条　略 2　略 3　次の各号に掲げる資産については、事業年度の末日において当該各号に定める価格を付すべき場合には、当該各号に定める価格を付さなければならない。 一　略 二　事業年度の末日において予測することができない減損が生じた資産又は減損損失を認識すべき資産　その時の取得原価から相当の減額をした額 4以下　略

区分	項目	中小会計要領	中小指針	会社計算規則
固定資産	評価減（減損）		る。なお、資産が相当期間遊休状態にあれば、通常、将来使用の見込みがないことと判断される。（指針36）	
	ソフトウェア		研究開発に該当するソフトウェアの制作費は研究開発費として費用処理する。研究開発に該当しないソフトウェアの制作費は、次のように会計処理する。 (1) 社内利用のソフトウェアは、その利用により将来の収益獲得又は費用削減が確実であると認められる場合には、取得に要した費用を無形固定資産として計上する。 (2) 市場販売目的のソフトウェアである製品マスターの制作費は、研究開発費に該当する部分を除き、無形固定資産として計上する。 　無形固定資産として計上したソフトウェアは、見込販売数量に基づく償却方法その他合理的な方法により償却する。ただし、法人税法の定める償却方法を採用することもできる。 　なお、販売・使用見込みがなくなった場合には、未償却残高を費用として一時に償却する必要がある。（指針37）	
	ゴルフ会員権		(1) ゴルフ会員権の評価 　　ゴルフ会員権は、取得原価で評価する。ただし、ゴルフ会員権の計上額の	

区分	項目	中小会計要領	中小指針	会社計算規則
固定資産	ゴルフ会員権		重要性が高い場合で、以下の要件に該当するときは、減損処理を行う。 ① 時価があるゴルフ会員権……時価が著しく下落したとき ② 時価のないゴルフ会員権……発行会社の財政状態が著しく悪化したとき (2) 預託保証金方式によるゴルフ会員権を減損する場合の会計処理 預託保証金方式によるゴルフ会員権の時価が著しく下落したことにより減損処理する場合には、帳簿価額のうち預託保証金を上回る金額について、まず直接評価損を計上し、さらに時価が預託保証金の額を下回る場合には、当該部分を債権の評価勘定として貸倒引当金を設定する。ただし、預託保証金の回収が困難な場合には、貸倒引当金を設定せずにゴルフ会員権から直接控除することができる。(指針38)	
繰延資産	定義	【解説】 　繰延資産は、対価の支払いが完了し、これに対応するサービスの提供を受けたにもかかわらず、その効果が将来にわたって生じるものと期待される費用をいいます。 　これらの項目について	繰延資産とは、既に代価の支払が完了し又は支払義務が確定し、これに対応する役務の提供を受けたにもかかわらず、その効果が将来にわたって発現するものと期待される費用を資産として繰り延べたものをいう。(指針39)	第74条　略 2　略 3　次の各号に掲げる資産は、当該各号に定めるものに属するものとする。 一～四　略 五　繰延資産として計上することが適当であると認められるも

資料　中小会計要領・中小指針・会社計算規則の対照表

区分	項目	中小会計要領	中小指針	会社計算規則
繰延資産	定義	は、費用として処理する方法のほか、繰延資産として貸借対照表に資産計上する方法も認められています。(各論9)		の　繰延資産 4　略
繰延資産	範囲	【本文】 (1) 創立費、開業費、開発費、株式交付費、社債発行費及び新株予約権発行費は、費用処理するか、繰延資産として資産計上する。(各論9) 【解説】 　繰延資産は、(1)にあるように、創立費、開業費、開発費、株式交付費、社債発行費及び新株予約権発行費が該当します(各論9)。 【解説】 　なお、法人税法固有の繰延資産については、会計上の繰延資産には該当しません。そのため、固定資産(投資その他の資産)に「長期前払費用」として	(1) 創立費、開業費、開発費、株式交付費、社債発行費、新株予約権発行費が繰延資産に該当する。 ① 創立費 　発起人に支払う報酬、会社の負担すべき設立費用 ② 開業費 　開業準備のために支出した金額 ③ 開発費 　次の目的のために特別に支出した金額 　ア．新技術又は新経営組織の採用 　イ．資源の開発 　ウ．市場の開拓 ④ 株式交付費 　新株の発行又は自己株式の処分のために支出した費用 ⑤ 社債発行費 　社債の発行のために支出した費用 ⑥ 新株予約権発行費 　新株予約権の発行のために支出した費用 (2) 法人が支出する次に掲げる費用(資産の取得に要した金額及び前払費用を除く。)のうち支出の効果がその支出の日以後1年以上に及ぶものは、税法固有の繰延資産に該	

219

区分	項目	中小会計要領	中小指針	会社計算規則
繰延資産	範囲	計上することが考えられます。「法人税法固有の繰延資産」とは以下に記載するような費用で、効果が支出の日以後１年以上に及ぶものが該当します。 イ 自己が便益を受ける公共的施設又は協同的施設の設置又は改良のために支出する費用 ロ 資産を賃貸し又は使用するために支出する権利金、立退料その他の費用 ハ 役務の提供を受けるために支出する権利金その他の費用 ニ 製品等の広告宣伝の用に供する資産を贈与したことにより生ずる費用 ホ イからニまでに掲げる費用のほか、自己が便益を受けるために支出する費用（各論９）	当する。 ① 自己が便益を受ける公共的施設又は共同的施設の設置又は改良のために支出する費用 ② 資産を賃借し又は使用するために支出する権利金、立退料その他の費用 ③ 役務の提供を受けるために支出する権利金その他の費用 ④ 製品等の広告宣伝の用に供する資産を贈与したことにより生ずる費用 ⑤ ①から④までに掲げる費用のほか、自己が便益を受けるために支出する費用 (3) 新製品の試験的製作又は新技術の研究等のために特別に支出した金額、新技術の採用のうち研究開発目的のために導入する技術、特許等に係る技術導入費及び特許権使用に関する頭金等については、その発生時に費用処理することに留意する。(指針40)	
	償却額・償却期間	【本文】 (2) 繰延資産は、その効果の及ぶ期間にわたって償却する。（各論９） 【解説】 　資産計上した繰延資産は、(2)にあるように、その効果の及ぶ期間にわたって償却する必要がありま	繰延資産として資産に計上したものについては、その支出又は発生の効果が発現するものと期待される期限内に原則として月割計算により相当の償却をしなければならない。償却期間は、創立費は会社成立後、開業費は開業後、開発費はその支出後、それぞれ５年	第５条　略 ２　償却すべき資産については、事業年度の末日（事業年度の末日以外の日において評価すべき場合にあっては、その日。以下この編において同じ。）において、相当の償却をしなければならない。

区分	項目	中小会計要領	中小指針	会社計算規則
繰延資産	償却額・償却期間	す。具体的な償却期間は、次のとおりです。（各論9） ○創立費・開業費・開発費 　⇒　5年以内 ○株式交付費・新株予約権発行費 　⇒　3年以内 ○社債発行費 　⇒　社債の償還までの期間	内、株式交付費及び新株予約権発行費は発行後3年内、社債発行費は社債償還期間とする。 　なお、税法固有の繰延資産については、法人税法上、償却限度額の規定があることに留意する必要がある。また、金額が少額のものは、発生時において費用処理する。（指針41）	3以下　略
	一時償却	【解説】 　資産計上した繰延資産について、支出の効果が期待されなくなったときには、資産の価値が無くなっていると考えられるため、一時に費用処理する必要があります。（各論9）	(1)　繰延資産について支出の効果が期待されなくなった場合には、一時に償却しなければならない。 (2)　本指針においては、次の場合には、一時に償却しなければならないものとして取り扱う。 ①　他の者の有する固定資産を利用するために支出した費用で資産として繰り延べたものについて、次の事実が生じた場合 　ア．当該固定資産が災害により著しく損傷したこと 　イ．当該固定資産が1年以上にわたり遊休状態にあること 　ウ．当該固定資産がその本来の用途に使用することができないため、他の用途に使用されたこと 　エ．当該固定資産の所在する場所の状況が	

区分	項目	中小会計要領	中小指針	会社計算規則
繰延資産	一時償却		著しく変化したこと ② 上記に準ずる特別の事実が生じた場合（指針42）	
	表示	【本文】 (1) 創立費、開業費、開発費、株式交付費、社債発行費及び新株予約権発行費は、費用処理するか、繰延資産として資産計上する。（各論9）	費用として処理しなかった繰延資産の未償却残高及び繰延資産の償却額の表示は、次のとおりとする。 (1) 貸借対照表に繰延資産の部を設け、項目を示して表示する。この場合において、各繰延資産に対する償却累計額は、その各繰延資産の金額から直接控除し、その控除残高を各繰延資産の金額として表示する。税法固有の繰延資産は、「投資その他の資産」に長期前払費用等の適当な項目を付して表示する。 (2) 損益計算書において、繰延資産の償却額が営業収益との対応関係がある場合には販売費及び一般管理費に、対応関係がない場合には営業外費用に表示する。 (3) 繰延資産の一時償却額は、原則として特別損失に表示する。（指針43）	第84条　各繰延資産に対する償却累計額は、当該各繰延資産の金額から直接控除し、その控除残高を各繰延資産の金額として表示しなければならない。
金銭債務	定義	【解説】 　支払手形、買掛金、借入金等の金銭債務（各論3）	金銭債務とは、金銭の支払を目的とする債務をいい、支払手形、買掛金、借入金、社債（私募債を含む。）等を含む。なお、金銭債務は、網羅的に計上する。（指針44）	

資料　中小会計要領・中小指針・会社計算規則の対照表

区分	項目	中小会計要領	中小指針	会社計算規則
金銭債務	評価	【本文】 (2) 金銭債務は、原則として、債務額で計上する。(各論3)	(1) 支払手形、買掛金、借入金その他の債務には、債務額を付さなければならない。(指針45)	第6条　負債については、この省令又は法以外の法令に別段の定めがある場合を除き、会計帳簿に債務額を付さなければならない。 2　略
	債務額と発行額が異なる場合	【解説】 　社債を額面金額未満で発行する場合、額面金額（債務額）と発行額が異なることとなります。この場合は、発行時に発行額で貸借対照表の負債に計上し、決算において、額面金額と発行額との差額を発行から償還までの期間で按分して支払利息として計上するとともに、貸借対照表の金額を増額させることができます。(各論3)	(2) 払込みを受けた金額が債務額と異なる社債は、償却原価法に基づいて算定された価額をもって貸借対照表価額とする。償却原価法とは、金融負債を債務額と異なる金額で計上した場合において、当該差額に相当する金額を償還期に至るまで毎期一定の方法で取得価額に加減する方法をいう。(指針45)	第6条　略 2　次に掲げる負債については、事業年度の末日においてその時の時価又は適正な価格を付すことができる。 一　略 二　払込みを受けた金額が債務額と異なる社債 三　略
	貸借対照表上の表示		(1) 営業上の債務 　買掛金、支払手形その他営業取引によって生じた金銭債務は、流動負債の部に表示する。 (2) 営業上の債務以外の債務 　借入金その他(1)の金銭債務以外の金銭債務で、事業年度の末日の翌日から起算して1年以内に支払又は返済されると認められるものは、流動負債の部に表示する。 (3) 関係会社に対する金銭債務 　関係会社に対する金銭債務は、次のいずれかの	第75条　略 2　次の各号に掲げる負債は、当該各号に定めるものに属するものとする。 一　次に掲げる負債 　　流動負債 　イ　支払手形（通常の取引に基づいて発生した手形債務をいう。） 　ロ　買掛金（通常の取引に基づいて発生した事業上の未払金をいう。） 　ハ　前受金（受注工事、受注品等に対する前受金をい

区分	項目	中小会計要領	中小指針	会社計算規則
金銭債務	貸借対照表上の表示		方法により表示する。 ① その金銭債務が属する項目ごとに、他の金銭債務と区分して表示する。 ② その金銭債務が属する項目ごとに、又は2以上の項目について一括して、注記する。 (4) その他の債務 　上記(1)及び(2)以外の金銭債務は、固定負債の部に表示する。（指針46)	う。） ニ　略 ホ　通常の取引に関連して発生する未払金又は預り金で一般の取引慣行として発生後短期間に支払われるもの ヘ〜チ　略 リ　ファイナンス・リース取引におけるリース債務のうち、1年内に期限が到来するもの ヌ　略 ル　その他の負債であって、1年内に支払われ、又は返済されると認められるもの ニ　次に掲げる負債 　固定負債 　イ　社債 　ロ　長期借入金 　ハ　略 　ニ　次に掲げる繰延税金負債 　　(1)　略 　　(2)　特定の資産又は負債に関連しない繰延税金負債であって、一年内に取り崩されると認められないもの 　ホ　略 　ヘ　ファイナンス・リース取引におけるリース債務のうち、前号リに掲げ

区分	項目	中小会計要領	中小指針	会社計算規則
金銭債務	貸借対照表上の表示			るもの以外のもの ト　略 チ　その他の負債であって、流動負債に属しないもの 第103条　貸借対照表等に関する注記は、次に掲げる事項（連結注記表にあっては、第六号から第九号までに掲げる事項を除く。）とする。 一～五　略 六　関係会社に対する金銭債権又は金銭債務をその金銭債権又は金銭債務が属する項目ごとに、他の金銭債権又は金銭債務と区分して表示していないときは、当該関係会社に対する金銭債権又は金銭債務の当該関係会社に対する金銭債権又は金銭債務が属する項目ごとの金額又は2以上の項目について一括した金額 七　略 八　取締役、監査役及び執行役との間の取引による取締役、監査役及び執行役に対する金銭債務があるときは、その総額 九　略
	デリバティブ		デリバティブ取引により生じる正味の債権及び債務は、時価をもって貸借対照	

区分	項目	中小会計要領	中小指針	会社計算規則
金銭債務	デリバティブ		表価額とし、評価差額は、当期の損益として処理する。 　ただし、金融機関から融資と組み合わせて金利スワップ契約を締結した場合において、借入金の金額と金利スワップの元本の金額が同額である等の一定の要件を満たしているときは、時価評価を行う必要がないことに留意する。（指針47）	
引当金	設定要件	【本文】 (1) 以下に該当するものを引当金として、当期の負担に属する金額を当期の費用又は損失として計上し、当該引当金の残高を貸借対照表の負債の部又は資産の部に記載する。 ・将来の特定の費用又は損失であること ・発生が当期以前の事象に起因すること ・発生の可能性が高いこと ・金額を合理的に見積ることができること （各論11） 【解説】 　引当金は、未払金等の確定した債務ではないものの、(1)の4つの要件を満たす場合には、財政状態を適正に表示するために、負債の計上（又は資産からの控除）が必要であると考えられ、合理的に見積って計上すること	(1) 次のすべての要件に該当するものは、引当金として計上しなければならない。 ① 将来の特定の費用又は損失であること ② 発生が当期以前の事象に起因していること ③ 発生の可能性が高いこと ④ 金額を合理的に見積ることができること (2) 引当金のうち、当期の負担に属する部分の金額を当期の費用又は損失として計上しなければならない。（指針48）	

資料　中小会計要領・中小指針・会社計算規則の対照表

区分	項目	中小会計要領	中小指針	会社計算規則
引当金	設定要件	となります。 　具体的には貸倒引当金（前掲「貸倒損失／貸倒引当金」参照）、賞与引当金、退職給付引当金、返品調整引当金等の引当金があります。 　なお、金額的に重要性が乏しいものについては、計上する必要はありません。（各論11）		
	区分		(1) 賞与引当金等の法的債務（条件付債務）である引当金は、負債として計上しなければならない。 (2) 修繕引当金等のように、法的債務ではないが、将来の支出に備えるための引当金については、金額に重要性の高いものがあれば、負債として計上することが必要である。 (3) 引当金についての、会計及び税法の関係は、次のとおりである。（指針49） ※図表略	
	表示		(1) 引当金は、その計上の目的を示す適当な名称を付して記載しなければならない。 (2) 引当金の繰入額は、その引当金の目的等に応じて、損益計算書において、売上高の控除項目、製造原価、販売費及び一般管理費又は営業外費用として、その内容を示す適当な項目に計上する。（指針50）	第6条　略 2　次に掲げる負債については、事業年度の末日においてその時の時価又は適正な価格を付すことができる。 一　次に掲げるもののほか将来の費用又は損失（収益の控除を含む。以下この号において同じ。）の発生に備えて、その合理的な見積額のうち

区分	項目	中小会計要領	中小指針	会社計算規則
引当金	表示			当該事業年度の負担に属する金額を費用又は損失として繰り入れることにより計上すべき引当金（株主等に対して役務を提供する場合において計上すべき引当金を含む。） イ　退職給付引当金（使用人が退職した後に当該使用人に退職一時金、退職年金その他これらに類する財産の支給をする場合における事業年度の末日において繰り入れるべき引当金をいう。） ロ　返品調整引当金（常時、販売するたな卸資産につき、当該販売の際の価額による買戻しに係る特約を結んでいる場合における事業年度の末日において繰り入れるべき引当金をいう。） 二　払込みを受けた金額が債務額と異なる社債 三　前2号に掲げる負債のほか、事業年度の末日においてその時の時価又は適正な価格を付すことが適当な負債

資料　中小会計要領・中小指針・会社計算規則の対照表

区分	項目	中小会計要領	中小指針	会社計算規則
引当金	表示			第75条　負債の部は、次に掲げる項目に区分しなければならない。この場合において、各項目は、適当な項目に細分しなければならない。 一　流動負債 二　固定負債 2　次の各号に掲げる負債は、当該各号に定めるものに属するものとする。 　一　次に掲げる負債　流動負債 　　イ〜ハ　略 　　ニ　引当金（資産に係る引当金及び1年内に使用されないと認められるものを除く。） 　　ホ〜ヌ　略 　　ル　その他の負債であって、1年内に支払われ、又は返済されると認められるもの 　二　次に掲げる負債　固定負債 　　イ〜ロ　略 　　ハ　引当金（資産に係る引当金及び前号ニに掲げる引当金を除く。） 　　ニ〜ト　略 　　チ　その他の負債であって、流動負債に属しないもの 第101条　重要な会計方針に係る事項に関する

229

区分	項目	中小会計要領	中小指針	会社計算規則
引当金	表示			注記は、会計方針に関する次に掲げる事項（重要性の乏しいものを除く。）とする。 一～二　略 三　引当金の計上基準 四　略 五　その他計算書類の作成のための基本となる重要な事項
	賞与引当金	【本文】 (2)　賞与引当金については、翌期に従業員に対して支給する賞与の見積額のうち、当期の負担に属する部分の金額を計上する。(各論11) 【解説】 　賞与引当金については、翌期に従業員に対して支給する賞与の支給額を見積り、当期の負担と考えられる金額を引当金として費用計上します。具体的には、決算日後に支払われる賞与の金額を見積り、当期に属する分を月割りで計算して計上する方法が考えられます。 　なお、下記の〈参考〉に記載している算式は、従来、法人税法で用いられていた算式であり、これも１つの方法として考えられます。(各論11) 〈参考〉 　繰入額＝｛前１年間の１人当たりの使用人等に	(1)　従業員に対する賞与 　翌期に従業員に対して支給する賞与の見積額のうち、当期の負担に属する部分の金額は、賞与引当金として計上しなければならない。 　なお、本指針においては、賞与について支給対象期間の定めのある場合、又は支給対象期間の定めのない場合であっても慣行として賞与の支給月が決まっているときは、次の平成10年度改正前法人税法に規定した支給対象期間基準の算式により算定した金額が合理的である限り、この金額を引当金の額とすることができる。 (参考：平成10年度改正前法人税法) 　繰入額＝｛前１年間の１	第６条　略 ２　次に掲げる負債については、事業年度の末日においてその時の時価又は適正な価格を付すことができる。 　一　次に掲げるもののほか将来の費用又は損失（収益の控除を含む。以下この号において同じ。）の発生に備えて、その合理的な見積額のうち当該事業年度の負担に属する金額を費用又は損失として繰り入れることにより計上すべき引当金（株主等に対して役務を提供する場合において計上すべき引当金を含む。） 　　イ～ロ　略 　二　払込みを受けた金額が債務額と異なる社債 　三　前２号に掲げる負債のほか、事業年度の末日においてその時の時価又は適正な

資料　中小会計要領・中小指針・会社計算規則の対照表

区分	項目	中小会計要領	中小指針	会社計算規則
引当金	賞与引当金	対する賞与支給額×（当期の月数÷12）－当期において期末在職使用人等に支給した賞与の額で当期に対応するものの１人当たりの賞与支給額｝×期末の在職使用人等の数	人当たりの使用人等に対する賞与支給額×（当期の月数÷12）－当期において期末在職使用人等に支給した賞与の額で当期に対応するものの１人当たりの賞与支給額｝×期末の在職使用人等の数 (2) 役員に対する賞与 　役員賞与は発生した会計期間の費用として処理する。また、当期の職務に係る役員賞与の支給を翌期に開催される株主総会において決議する場合には、その決議事項とする額又はその見込額を、原則として、引当金に計上する。（指針51）	価格を付すことが適当な負債
	退職給付引当金	【本文】 (3) 退職給付引当金については、退職金規程や退職金等の支払いに関する合意があり、退職一時金制度を採用している場合において、当期末における退職給付に係る自己都合要支給額を基に計上する。（各論３） 【解説】 　従業員との間に退職金規程や退職金等の支払いに関する合意がある場合、企業は従業員に対して退職金に係る債務を負っているため、当期の負担と考えられる金額を退職給付引当金として計	就業規則等の定めに基づく退職一時金、厚生年金基金、適格退職年金及び確定給付企業年金の退職給付制度を採用している会社にあっては、従業員との関係で法的債務を負っていることになるため、引当金の計上が必要となる。（指針52）	

231

区分	項目	中小会計要領	中小指針	会社計算規則
引当金	退職給付引当金	上します。 (3)にあるように、「退職一時金制度」を採用している場合には、決算日時点で、従業員全員が自己都合によって退職した場合に必要となる退職金の総額を基礎として、例えば、その一定割合を退職給付引当金として計上する方法が考えられます。（各論3）		
	確定給付型退職給付債務		退職時に見込まれる退職給付の総額のうち、期末までに発生していると認められる額を一定の割引率及び予想残存勤務期間に基づいて割引計算した退職給付債務に、未認識過去勤務債務及び未認識数理計算上の差異を加減した額から年金資産の額を控除した額を退職給付に係る負債（退職給付引当金）として計上する。（指針53）	第6条　略 2　次に掲げる負債については、事業年度の末日においてその時の時価又は適正な価格を付すことができる。 一　次に掲げるもののほか将来の費用又は損失（収益の控除を含む。以下この号において同じ。）の発生に備えて、その合理的な見積額のうち当該事業年度の負担に属する金額を費用又は損失として繰り入れることにより計上すべき引当金（株主等に対して役務を提供する場合において計上すべき引当金を含む。） イ　退職給付引当金（使用人が退職した後に当該使用人に退職一時金、退職年金その他これらに類する財産の支給をする場合に

資料　中小会計要領・中小指針・会社計算規則の対照表

区分	項目	中小会計要領	中小指針	会社計算規則
引当金	確定給付型退職給付債務			おける事業年度の末日において繰り入れるべき引当金をいう。） ロ　略 二〜三　略
	確定給付型退職給付債務簡便的方法		退職一時金制度の場合、退職給付に係る期末自己都合要支給額をもって退職給付債務とすることは、会社が自ら計算することができる方法である。 　確定給付型の企業年金制度であっても、通常、支給実績として従業員が退職時に一時金を選択することが多い。この場合には、退職一時金制度と同様に退職給付債務を計算することができる。（指針54）	
	中小企業退職金共済制度等の会計処理	【本文】 (4)　中小企業退職金共済、特定退職金共済、確定拠出年金等、将来の退職給付について拠出以後に追加的な負担が生じない制度を採用している場合においては、毎期の掛金を費用処理する。（各論11） 【解説】 　(4)にあるように、外部の機関に掛金を拠出し、将来に追加的な退職給付に係る負担が見込まれない制度を採用している場合には、毎期の掛金を費用として処理し、退職給付引当金は計上されません。（各論11）	中小企業退職金共済制度、特定退職金共済制度及び確定拠出年金制度のように拠出以後に追加的な負担が生じない外部拠出型の制度については、当該制度に基づく要拠出額である掛金をもって費用処理する。ただし、退職一時金制度等の確定給付型と併用している場合には、それぞれ会計処理する必要がある。なお、退職一時金の一部を中小企業退職金共済制度等から支給する制度の場合には、期末自己都合要支給額から同制度より給付される額を除いた金額によることとなる。（指針55）	

233

区分	項目	中小会計要領	中小指針	会社計算規則
引当金	規程・支払合意が非存在		退職金規程がなくかつ退職金等の支払に関する合意も存在しない場合には、退職給付債務の計上は原則として不要である。 　ただし、退職金の支給実績があり、将来においても支給する見込みが高く、かつ、その金額が合理的に見積ることができる場合には、重要性がない場合を除き、引当金を計上する必要がある。(指針56)	
	特則		退職給付引当金を計上していない場合、一時に処理することは、財政状態及び経営成績に大きな影響を与える可能性が高い。そのため、本指針適用に伴い新たな会計処理の採用により生じる影響額（適用時差異）は、通常の会計処理とは区分して、本指針適用後、10年以内の一定の年数又は従業員の平均残存勤務年数のいずれか短い年数にわたり定額法により費用処理することができる。この場合には未償却の適用時差異の金額を注記する。(指針57)	
税金費用／税金債務	法人税、住民税及び事業税		当期の利益に関連する金額を課税標準として課される法人税、住民税及び事業税は、発生基準により当期で負担すべき金額に相当する金額を損益計算書において、「税引前当期純利益（損失）」の次に「法人税、住民税及び事業税」として計上する。また、事業年度の	第93条　次に掲げる項目の金額は、その内容を示す名称を付した項目をもって、税引前当期純利益金額又は税引前当期純損失金額（連結損益計算書にあっては、税金等調整前当期純利益金額又は税金等調整前当期純損失金

区分	項目	中小会計要領	中小指針	会社計算規則
税金費用／税金債務	法人税、住民税及び事業税		末日時点における未納付の税額は、その金額に相当する額を「未払法人税等」として貸借対照表の流動負債に計上し、還付を受けるべき税額は、その金額に相当する額を「未収還付法人税等」として貸借対照表の流動資産に計上する。 なお、更正、決定等により追徴税額及び還付税額が生じた場合で、その金額に重要性がある場合には、「法人税、住民税及び事業税」の次に、その内容を示す適当な名称で計上しなければならない。（指針58）	額）の次に表示しなければならない。ただし、第三号から第五号までに掲げる項目は、連結損益計算書に限る。 一 当該事業年度（連結損益計算書にあっては、連結会計年度）に係る法人税等 二 法人税等調整額（税効果会計の適用により計上される前号に掲げる法人税等の調整額をいう。） 三 税金等調整前当期純利益又は税金等調整前当期純損失として表示した額に第一号及び前号に掲げる額を加減して得た額 四 税金等調整前当期純利益として表示した額があるときは、当該額のうち少数株主持分に属するもの 五 税金等調整前当期純損失として表示した額があるときは、当該額のうち少数株主持分に属するもの 2 法人税等の更正、決定等による納付税額又は還付税額がある場合には、前項第一号に掲げる項目の次に、その内容を示す名称を付した項目をもって表示するものとする。ただし、これらの金額の重要性が乏しい場合は、

235

区分	項目	中小会計要領	中小指針	会社計算規則
税金費用／税金債務	法人税、住民税及び事業税			同号に掲げる項目の金額に含めて表示することができる。
	源泉所得税等の会計処理		受取配当や利子に関する源泉所得税のうち、法人税法及び地方税法上の税額控除の適用を受ける金額については、損益計算書上、「法人税、住民税及び事業税」に含めて計上する。(指針59) 消費税等（地方消費税を含む。）については、原則として税抜方式を適用し、事業年度の末日における未払消費税等（未収消費税等）は、未払金（未収入金）に計上する。ただし、その金額の重要性が高い場合には、未払消費税等（未収消費税等）として別に表示する。(指針60)	
税効果会計	意義		(1) 税効果会計は、一時差異がある場合、利益を課税標準とする法人税等の額を適切に期間配分することにより、税引前当期純利益と法人税等を合理的に対応させることを目的とする手続である。 (2) 一時差異には、未払事業税、賞与引当金、損金不算入の減損損失等一時差異が解消する期の課税所得を減額する効果を持つ将来減算一時差異と、その他利益剰余金において処理される圧縮記帳や純資産の部に直接計上されるその他有価証券評価差額金（評価差益）等一時差異	

区分	項目	中小会計要領	中小指針	会社計算規則
税効果会計	意義		が解消する期の課税所得を増額する効果を持つ将来加算一時差異とがある。 (3) 将来減算一時差異に法定実効税率を乗じた金額が繰延税金資産となり、将来加算一時差異に法定実効税率を乗じた金額が繰延税金負債となる。(指針61)	
	繰延税金資産の回収可能性		(1) 繰延税金資産の計上による利益剰余金の増加額については、会社法上配当制限の定めがない等の理由により、その回収可能性を厳格かつ慎重に検討することが必要である。 (2) 繰延税金資産の回収可能性がある場合とは、将来減算一時差異又は税務上の繰越欠損金等が、将来の税金負担額を軽減する効果を有していると見込まれる場合をいい、これ以外の場合には、回収可能性はないものと判断され、繰延税金資産は計上できない。 (3) 過年度に計上した繰延税金資産についても、その回収可能性を毎期見直し、将来の税金負担額を軽減する効果を有していると見込まれなくなった場合には、過大となった金額を取り崩す必要がある。 (4) 将来の解消見込年度に相殺しきれなかった将来加算一時差異については、繰延税金資産の回収	

237

区分	項目	中小会計要領	中小指針	会社計算規則
税効果会計	繰延税金資産の回収可能性		可能性の判断に当たり、将来減算一時差異と相殺できない。(指針62)	
	回収可能性についての判断基準		繰延税金資産の回収可能性については、会社の過去の業績等を主たる判断基準として、将来の収益力を見積り、将来減算一時差異等がどの程度回収されるのかを、以下のそれぞれの例示区分に応じて判定することになる。 (1) 期末における将来減算一時差異を十分に上回る課税所得を当期及び過去3年以上計上している場合は、回収可能性があると判断する。 (2) 過去の業績が安定（当期及び過去3年経常的な利益を計上）していることから、将来も安定的な経常利益の計上が見込まれるが、期末における将来減算一時差異を十分に上回るほどの課税所得がない場合には、将来減算一時差異の合計額が過去3年間の課税所得の合計額の範囲内であれば、回収可能性があると判断する。 (3) 業績が不安定であり、期末における将来減算一時差異を十分に上回るほどの課税所得がない場合又は税務上の繰越欠損金が存在する場合であっても将来の合理的な見積可能期間（最長5年）内の課税所得の見積額を限度	

区分	項目	中小会計要領	中小指針	会社計算規則
税効果会計	回収可能性についての判断基準		として、一時差異等の将来解消の見込みについて取締役会等による合理的な計画（スケジューリング）に基づくものであれば、回収可能性があるものと判断する。スケジューリングを行うことができない場合又は行っていない場合には、回収可能性はないものと判断する。 (4) 過去3年以上連続して重要な税務上の欠損金を計上し、当期も欠損金の計上が見込まれる会社及び債務超過又は資本の欠損の状況が長期にわたっており、短期間に当該状況の解消が見込まれない場合には回収可能性はないと判断する。（指針63）	
	貸借対照表上の表示		繰延税金資産及び繰延税金負債は、これらに関連した貸借対照表上の資産・負債の分類に基づいて流動区分と固定区分とに分けて表示する。また、繰越欠損金等に係る繰延税金資産及び繰延税金負債で、事業年度の末日後1年以内に解消される見込みの一時差異等に係るものを流動区分に、それ以外の一時差異等に係るものは投資その他の資産として表示する。なお、同じ区分に属する繰延税金資産と繰延税金負債がある場合には、それぞれ相殺して表示する。（指針64）	第74条　略 2　略 3　次の各号に掲げる資産は、当該各号に定めるものに属するものとする。 一　次に掲げる資産 　流動資産 　　イ〜ヨ　略 　　タ　次に掲げる繰延税金資産 　　　(1)　流動資産に属する資産又は流動負債に属する負債に関連する繰延税金資産 　　　(2)　特定の資産又は負債に関連し

区分	項目	中小会計要領	中小指針	会社計算規則
税効果会計	貸借対照表上の表示			ない繰延税金資産であって、1年内に取り崩されると認められるもの ロ　略 ニ～三　略 四　次に掲げる資産 　投資その他の資産 　　イ～ハ　略 　　ニ　次に掲げる繰延税金資産 　　　(1)　有形固定資産、無形固定資産若しくは投資その他の資産に属する資産又は固定負債に属する負債に関連する繰延税金資産 　　　(2)　特定の資産又は負債に関連しない繰延税金資産であって、1年内に取り崩されると認められないもの 　　ホ～チ　略 　五　略 4　略 第75条　略 2　次の各号に掲げる負債は、当該各号に定めるものに属するものとする。 　一　次に掲げる負債 　　流動負債　チ　次に掲げる繰延税金負債 　　　イ～ト　略

資料　中小会計要領・中小指針・会社計算規則の対照表

区分	項目	中小会計要領	中小指針	会社計算規則
税効果会計	貸借対照表上の表示			(1) 流動資産に属する資産又は流動負債に属する負債に関連する繰延税金負債 (2) 特定の資産又は負債に関連しない繰延税金負債であって、1年内に取り崩されると認められるもの リ〜ル　略 二　次に掲げる負債 固定負債 イ〜ハ　略 ニ　次に掲げる繰延税金負債 (1) 有形固定資産、無形固定資産若しくは投資その他の資産に属する資産又は固定負債に属する負債に関連する繰延税金負債 (2) 特定の資産又は負債に関連しない繰延税金負債であって、1年内に取り崩されると認められないもの 第83条　流動資産に属する繰延税金資産の金額及び流動負債に属する繰延税金負債の金額については、その差額のみを繰延税金資産又

241

区分	項目	中小会計要領	中小指針	会社計算規則
税効果会計	貸借対照表上の表示			は繰延税金負債として流動資産又は流動負債に表示しなければならない。 2　固定資産に属する繰延税金資産の金額及び固定負債に属する繰延税金負債の金額については、その差額のみを繰延税金資産又は繰延税金負債として固定資産又は固定負債に表示しなければならない。 3　連結貸借対照表に係る前２項の規定の適用については、これらの規定中「その差額」とあるのは、「異なる納税主体に係るものを除き、その差額」とする。
	損益計算書上の表示		繰延税金資産と繰延税金負債との差額の増減額は、法人税等調整額として、法人税、住民税及び事業税の次に表示する。（指針65）	第93条　次に掲げる項目の金額は、その内容を示す名称を付した項目をもって、税引前当期純利益金額又は税引前当期純損失金額（連結損益計算書にあっては、税金等調整前当期純利益金額又は税金等調整前当期純損失金額）の次に表示しなければならない。ただし、第三号から第五号までに掲げる項目は、連結損益計算書に限る。 一　略 二　法人税等調整額（税効果会計の適用により計上される前号に掲げる法人税等

資料　中小会計要領・中小指針・会社計算規則の対照表

区分	項目	中小会計要領	中小指針	会社計算規則
税効果会計	損益計算書上の表示			の調整額をいう。） 三～五　略 2　略
税効果会計	税効果会計適用における注記事項		税効果会計を適用し、一時差異の金額が重要な場合、又は税引前当期純利益に対する法人税等（法人税等調整額を含む。）の比率と法定実効税率との間に重要な差異がある場合には、会社の財産及び損益の状態を正確に判断するため、以下の注記を行うことが望ましい。 (1)　繰延税金資産及び繰延税金負債の発生原因別の主な内訳 (2)　税引前当期純利益に対する法人税等（法人税等調整額を含む。）の比率と法定実効税率との間に重要な差異があるときは、当該差異の原因となった主要な項目別の内訳 (3)　回収可能性がなく、繰延税金資産から控除された額（指針66）	第107条　税効果会計に関する注記は、次に掲げるもの（重要でないものを除く。）の発生の主な原因とする。 一　繰延税金資産（その算定に当たり繰延税金資産から控除された金額がある場合における当該金額を含む。） 二　繰延税金負債
純資産	定義	【本文】 (1)　純資産とは、資産の部の合計額から負債の部の合計額を控除した額をいう。 (2)　純資産のうち株主資本は、資本金、資本剰余金、利益剰余金等から構成される。（各論13） 【解説】 純資産とは、(1)にある	➢純資産の部は、株主資本、株主資本以外の各項目に区分する。 ➢株主資本は、資本金、資本剰余金、利益剰余金に区分する。 ➢資本剰余金は、資本準備金、その他資本剰余金に区分する。 ➢利益剰余金は、利益準備金、その他利益剰余金に区分する。 ➢その他利益剰余金は、株	

区分	項目	中小会計要領	中小指針	会社計算規則
純資産	定義	ように、資産の部の合計額から負債の部の合計額を控除した額をいい、そのうちの株主資本は、(2)にあるように、資本金、資本剰余金、利益剰余金等から構成されます。（各論13）	主総会又は取締役会の決議に基づき設定される項目は、その内容を示す項目に区分し、それ以外は繰越利益剰余金に区分する。 ➤株主資本以外の各項目は、評価・換算差額等、新株予約権に区分する。 ➤期末に保有する自己株式は、株主資本の末尾において控除形式により表示する。 ➤純資産の部の一会計期間における変動額のうち、主として、株主資本の各項目の変動事由を報告するために株主資本等変動計算書を作成する。（指針要点）	
	資本金	【解説】 　資本金及び資本剰余金は、原則として、株主から会社に払い込まれた金額をいいます。（各論13）	資本金は、設立又は株式の発行に際して株主となる者が払込み又は給付した財産の額（払込金額）のうち、資本金として計上した額（会社法第445条）である。（指針67）	第25条　株式会社の資本金の額は、第一款及び第四節に定めるところのほか、次の各号に掲げる場合に限り、当該各号に定める額が増加するものとする。 一　法第448条の規定により準備金の額を減少する場合（同条第１項第二号に掲げる事項を定めた場合に限る。）同号の資本金とする額に相当する額 二　法第450条の規定により剰余金の額を減少する場合　同条第１項第一号の減少する剰余金の額に相当する額

資料　中小会計要領・中小指針・会社計算規則の対照表

区分	項目	中小会計要領	中小指針	会社計算規則
純資産	資本金			2　株式会社の資本金の額は、法第447条の規定による場合に限り、同条第1項第一号の額に相当する額が減少するものとする。この場合において、次に掲げる場合には、資本金の額が減少するものと解してはならない。 一　新株の発行の無効の訴えに係る請求を認容する判決が確定した場合 二　自己株式の処分の無効の訴えに係る請求を認容する判決が確定した場合 三　会社の吸収合併、吸収分割又は株式交換の無効の訴えに係る請求を認容する判決が確定した場合 四　設立時発行株式又は募集株式の引受けに係る意思表示その他の株式の発行又は自己株式の処分に係る意思表示が無効とされ、又は取り消された場合
	剰余金	【解説】 　資本剰余金は、会社法上、株主への分配が認められていない資本準備金と、認められているその他資本剰余金に区分されます。設立又は株式の発行に際して、株主から会社に払い込まれた金額	剰余金は、払込資本を構成する資本剰余金と留保利益を表す利益剰余金に区分する。 (1)　資本剰余金 　資本剰余金は、資本取引から生じた剰余金であり、以下の2つに区分する。 ①　資本準備金	第22条　株式会社が剰余金の配当をする場合には、剰余金の配当後の資本準備金の額は、当該剰余金の配当の直前の資本準備金の額に、次の各号に掲げる場合の区分に応じ、当該各号に定める額を加

245

区分	項目	中小会計要領	中小指針	会社計算規則
純資産	剰余金	は、資本金に計上しますが、会社法の規定に基づき、払込金額の2分の1を超えない額については、資本金に組み入れず、資本剰余金のうち資本準備金として計上することができます。 　利益剰余金は、原則として、各期の利益の累計額から株主への配当等を控除した金額をいいます。利益剰余金は、会社法上、株主への分配が認められていない利益準備金と、認められているその他利益剰余金に区分されます。また、その他利益剰余金は、任意積立金と繰越利益剰余金に区分されます。 　配当を行った場合、会社法の規定により一定額を資本準備金又は利益準備金に計上する必要があります。 　各期の利益の累計額から株主への配当等を控除した金額は、繰越利益剰余金に計上されますが、株主総会又は取締役会の決議により任意積立金を設定することができます。(各論13)	増資による株式の払込金額のうち資本金に組み入れなかった株式払込剰余金等、会社法第445条第2項により、資本準備金として積み立てることが必要とされているもの及びその他資本剰余金から配当する場合で、利益準備金と合わせて資本金の額の4分の1に達していないときに計上しなければならないもの（会社法第445条第4項）等である。 ② その他資本剰余金 　資本剰余金のうち、会社法で定める資本準備金以外のものである。資本金及び資本準備金の取崩しによって生じる剰余金（資本金及び資本準備金減少差益）及び自己株式処分差益が含まれる。 (2) 利益剰余金 　利益剰余金は、利益を源泉とする剰余金（すなわち利益の留保額）であり、以下の2つに区分される。 ① 利益準備金 　その他利益剰余金から配当する場合、資本準備金の額と合わせて資本金の額の4分の1に達していないときは、達していない額の利益剰余金配当割合	えて得た額とする。 一　当該剰余金の配当をする日における準備金の額が当該日における基準資本金額（資本金の額に4分の1を乗じて得た額をいう。以下この条において同じ。）以上である場合　零 二　当該剰余金の配当をする日における準備金の額が当該日における基準資本金額未満である場合　イ又はロに掲げる額のうちいずれか少ない額に資本剰余金配当割合（次条第一号イに掲げる額を法第446条第六号に掲げる額で除して得た割合をいう。）を乗じて得た額 　イ　当該剰余金の配当をする日における準備金計上限度額（基準資本金額から準備金の額を減じて得た額をいう。以下この条において同じ。） 　ロ　法第446条第六号に掲げる額に10分の1を乗じて得た額 2　株式会社が剰余金の配当をする場合には、剰余金の配当後の利益準備金の額は、当該剰

資料　中小会計要領・中小指針・会社計算規則の対照表

区分	項目	中小会計要領	中小指針	会社計算規則
純資産	剰余金		（配当額のうちその他利益剰余金から配当する割合）か配当額の10分の1の額の利益剰余金配当割合のいずれか小さい額を計上しなければならない（会社法第445条第4項）。 　利益準備金の額の減少により生じた「剰余金」は、減少の法的手続が完了したとき（会社法第448条及び第449条）に、その他利益剰余金（繰越利益剰余金）に計上する。 ② その他利益剰余金 　その他利益剰余金のうち、任意積立金（会社が独自の判断で積み立てるもので、特に目的を限定しない別途積立金、目的を限定した修繕積立金等、及び税法上の特例を利用するために設ける圧縮積立金や特別償却準備金等）のように、株主総会又は取締役会の決議に基づき設定される項目については、その内容を示す項目をもって区分し、それ以外については、「繰越利益剰余金」に区分する。 　なお、株主資本等変動計算書において、前期末のその他利益剰余金に当期純損益や配当額などの当期の変動額	余金の配当の直前の利益準備金の額に、次の各号に掲げる場合の区分に応じ、当該各号に定める額を加えて得た額とする。 一 当該剰余金の配当をする日における準備金の額が当該日における基準資本金額以上である場合　零 二 当該剰余金の配当をする日における準備金の額が当該日における基準資本金額未満である場合　イ又はロに掲げる額のうちいずれか少ない額に利益剰余金配当割合（次条第二号イに掲げる額を法第446条第六号に掲げる額で除して得た割合をいう。）を乗じて得た額 イ　当該剰余金の配当をする日における準備金計上限度額 ロ　法第446条第六号に掲げる額に10分の1を乗じて得た額 第23条　株式会社が剰余金の配当をする場合には、剰余金の配当後の次の各号に掲げる額は、当該剰余金の配当の直前の当該額から、

区分	項目	中小会計要領	中小指針	会社計算規則
純資産	剰余金		を加減して当期末のその他利益剰余金が示される。(指針68)	当該各号に定める額を減じて得た額とする。 一　その他資本剰余金の額　次に掲げる額の合計額 　イ　法第446条第六号に掲げる額のうち、株式会社がその他資本剰余金から減ずるべき額と定めた額 　ロ　前条第1項第二号に掲げるときは、同号に定める額 二　その他利益剰余金の額　次に掲げる額の合計額 　イ　法第446条第六号に掲げる額のうち、株式会社がその他利益剰余金から減ずるべき額と定めた額 　ロ　前条第2項第二号に掲げるときは、同号に定める額 第26条　株式会社の資本準備金の額は、第1款及び第2款並びに第4節に定めるところのほか、次の各号に掲げる場合に限り、当該各号に定める額が増加するものとする。 一　法第447条の規定により資本金の額を減少する場合（同条第1項第二号に掲げる事項を定めた場合

区分	項目	中小会計要領	中小指針	会社計算規則
純資産	剰余金			に限る。）同号の準備金とする額に相当する額 二　法第451条の規定により剰余金の額を減少する場合　同条第1項第一号の額（その他資本剰余金に係る額に限る。）に相当する額 2　株式会社の資本準備金の額は、法第448条の規定による場合に限り、同条第1項第一号の額（資本準備金に係る額に限る。）に相当する額が減少するものとする。この場合においては、前条第2項後段の規定を準用する。 第27条　株式会社のその他資本剰余金の額は、第1款及び第4節に定めるところのほか、次の各号に掲げる場合に限り、当該各号に定める額が増加するものとする。 一　法第447条の規定により資本金の額を減少する場合　同条第1項第一号の額（同項第二号に規定する場合にあっては、当該額から同号の額を減じて得た額）に相当する額 二　法第448条の規定により準備金の額を

区分	項目	中小会計要領	中小指針	会社計算規則
純資産	剰余金			減少する場合　同条第1項第一号の額（資本準備金に係る額に限り、同項第二号に規定する場合にあっては、当該額から資本準備金についての同号の額を減じて得た額）に相当する額 三　前2号に掲げるもののほか、その他資本剰余金の額を増加すべき場合　その他資本剰余金の額を増加する額として適切な額 2　株式会社のその他資本剰余金の額は、前3款及び第四節に定めるところのほか、次の各号に掲げる場合に限り、当該各号に定める額が減少するものとする。 一　法第450条の規定により剰余金の額を減少する場合　同条第1項第一号の額（その他資本剰余金に係る額に限る。）に相当する額 二　法第451条の規定により剰余金の額を減少する場合　同条第1項第一号の額（その他資本剰余金に係る額に限る。）に相当する額 三　前2号に掲げるもののほか、その他資本剰余金の額を減少

区分	項目	中小会計要領	中小指針	会社計算規則
純資産	剰余金			すべき場合　その他資本剰余金の額を減少する額として適切な額 3　前項、前3款及び第4節の場合において、これらの規定により減少すべきその他資本剰余金の額の全部又は一部を減少させないこととすることが必要かつ適当であるときは、これらの規定にかかわらず、減少させないことが適当な額については、その他資本剰余金の額を減少させないことができる。 第28条　株式会社の利益準備金の額は、第2款及び第4節に定めるところのほか、法第451条の規定により剰余金の額を減少する場合に限り、同条第1項第一号の額（その他利益剰余金に係る額に限る。）に相当する額が増加するものとする。 2　株式会社の利益準備金の額は、法第448条の規定による場合に限り、同条第1項第一号の額（利益準備金に係る額に限る。）に相当する額が減少するものとする。 第29条　株式会社のそ

251

区分	項目	中小会計要領	中小指針	会社計算規則
純資産	剰余金			の他利益剰余金の額は、第四節に定めるところのほか、次の各号に掲げる場合に限り、当該各号に定める額が増加するものとする。 一　法第448条の規定により準備金の額を減少する場合　同条第１項第一号の額（利益準備金に係る額に限り、同項第二号に規定する場合にあっては、当該額から利益準備金についての同号の額を減じて得た額）に相当する額 二　当期純利益金額が生じた場合　当該当期純利益金額 三　前２号に掲げるもののほか、その他利益剰余金の額を増加すべき場合　その他利益剰余金の額を増加する額として適切な額 2　株式会社のその他利益剰余金の額は、次項、前３款及び第４節に定めるところのほか、次の各号に掲げる場合に限り、当該各号に定める額が減少するものとする。 一　法第450条の規定により剰余金の額を減少する場合　同条第１項第一号の額

区分	項目	中小会計要領	中小指針	会社計算規則
純資産	剰余金			（その他利益剰余金に係る額に限る。）に相当する額 二　法第451条の規定により剰余金の額を減少する場合　同条第１項第一号の額（その他利益剰余金に係る額に限る。）に相当する額 三　当期純損失金額が生じた場合　当該当期純損失金額 四　前３号に掲げるもののほか、その他利益剰余金の額を減少すべき場合　その他利益剰余金の額を減少する額として適切な額 3　第27条第３項の規定により減少すべきその他資本剰余金の額を減少させない額がある場合には、当該減少させない額に対応する額をその他利益剰余金から減少させるものとする。
	評価・換算差額等		評価・換算差額等は、その他有価証券評価差額金や繰延ヘッジ損益等、資産又は負債に係る評価差額を当期の損益にしていない場合の評価差額（税効果考慮後の額）をその内容を示す項目をもって計上する。（指針69）	第53条　次に掲げるものその他資産、負債又は株主資本若しくは社員資本以外のものであっても、純資産の部の項目として計上することが適当であると認められるものは、純資産として計上することができる。 一　資産又は負債（デ

区分	項目	中小会計要領	中小指針	会社計算規則
純資産	評価・換算差額等			リバティブ取引により生じる正味の資産又は負債を含む。以下この条において同じ。）につき時価を付すものとする場合における当該資産又は負債の評価差額（利益又は損失に計上するもの並びに次号及び第三号に掲げる評価差額を除く。） 二　ヘッジ会計を適用する場合におけるヘッジ手段に係る損益又は評価差額 三　土地の再評価に関する法律（平成10年法律第34号）第7条第1項に規定する再評価差額
	自己株式		(1) 取得及び保有 　自己株式の取得は、実質的に資本の払戻しとしての性格を有しているため、取得原価をもって純資産の部の株主資本の末尾において控除して表示する。自己株式の取得に関する付随費用は、営業外費用として計上する。 (2) 自己株式の処分 　自己株式の処分の対価と自己株式の帳簿価額との差額が差益の場合は、「その他資本剰余金」として計上する。差損の場合は、「その他資本剰余金」から減額し、控除しきれない場合には、「その	第24条　株式会社が当該株式会社の株式を取得する場合には、その取得価額を、増加すべき自己株式の額とする。 2　株式会社が自己株式の処分又は消却をする場合には、その帳簿価額を、減少すべき自己株式の額とする。 3　株式会社が自己株式の消却をする場合には、自己株式の消却後のその他資本剰余金の額は、当該自己株式の消却の直前の当該額から当該消却する自己株式の帳簿価額を減じて

区分	項目	中小会計要領	中小指針	会社計算規則
純資産	自己株式		他利益剰余金（繰越利益剰余金）」から減額する。 (3) 自己株式の消却 　自己株式の消却手続が完了した時点において、消却する自己株式の帳簿価額を「その他資本剰余金」から減額し、控除しきれない場合は、「その他利益剰余金（繰越利益剰余金）」から減額する。 （指針70）	得た額とする。
	株主資本等変動計算書		(1) 株主資本等変動計算書 　株主資本等変動計算書は、貸借対照表の純資産の部の一会計期間における変動額のうち、主として、株主に帰属する部分である株主資本の各項目の変動事由を報告するものである。 (2) 表示区分 　株主資本等変動計算書の表示区分は、貸借対照表の純資産の部の表示に従う（第87項の貸借対照表及び損益計算書並びに株主資本等変動計算書の例示参照）。 (3) 表示方法 　株主資本等変動計算書に表示される各項目の当期首残高及び当期末残高は、当期の貸借対照表の純資産の部における各項目の期首及び期末残高と整合したものでなければならない。 (4) 株主資本の各項目 　当期首残高、当期変動	第59条　法第435条第2項に規定する法務省令で定めるものは、この編の規定に従い作成される株主資本等変動計算書及び個別注記表とする。 2　各事業年度に係る計算書類及びその附属明細書の作成に係る期間は、当該事業年度の前事業年度の末日の翌日（当該事業年度の前事業年度がない場合にあっては、成立の日）から当該事業年度の末日までの期間とする。この場合において、当該期間は、1年（事業年度の末日を変更する場合における変更後の最初の事業年度については、1年6箇月）を超えることができない。 3　法第435条第2項の規定により作成すべき各事業年度に係る計算書類及びその附属明細

255

区分	項目	中小会計要領	中小指針	会社計算規則
純資産	株主資本等変動計算書		額及び当期末残高に区分し、当期変動額は変動事由ごとにその金額を表示する。なお、当期純利益（又は当期純損失）は、株主資本等変動計算書において、その他利益剰余金又はその内訳項目である繰越利益剰余金の変動事由として表示する。 (5) 株主資本以外の各項目 　当期首残高、当期変動額及び当期末残高に区分し、当期変動額は純額で表示する。ただし、当期変動額について主な変動事由ごとにその金額を表示又は注記することができる。 (6) 注記事項 　株主資本等変動計算書の注記事項については、第87項の貸借対照表及び損益計算書並びに株主資本等変動計算書の例示参照。（指針71）	書は、当該事業年度に係る会計帳簿に基づき作成しなければならない。 第105条　株主資本等変動計算書に関する注記は、次に掲げる事項とする。この場合において、連結注記表を作成する株式会社は、第二号に掲げる事項以外の事項は、省略することができる。 一　当該事業年度の末日における発行済株式の数（種類株式発行会社にあっては、種類ごとの発行済株式の数） 二　当該事業年度の末日における自己株式の数（種類株式発行会社にあっては、種類ごとの自己株式の数） 三　当該事業年度中に行った剰余金の配当（当該事業年度の末日後に行う剰余金の配当のうち、剰余金の配当を受ける者を定めるための法第124条第1項に規定

区分	項目	中小会計要領	中小指針	会社計算規則
純資産	株主資本等変動計算書			する基準日が当該事業年度中のものを含む。）に関する次に掲げる事項その他の事項 イ　配当財産が金銭である場合における当該金銭の総額 ロ　配当財産が金銭以外の財産である場合における当該財産の帳簿価額（当該剰余金の配当をした日においてその時の時価を付した場合にあっては、当該時価を付した後の帳簿価額）の総額 四　当該事業年度の末日における当該株式会社が発行している新株予約権（法第236条第1項第四号の期間の初日が到来していないものを除く。）の目的となる当該株式会社の株式の数（種類株式発行会社にあっては、種類及び種類ごとの数）
リース取引	会計処理	【本文】 　リース取引に係る借手は、賃貸借取引又は売買取引に係る方法に準じて会計処理を行う。（各論10） 【解説】 　一般に、機器等の資産	リース取引とは、特定の物件の所有者である貸手が、その物件の借手に対し、リース期間にわたりこれを使用収益する権利を与え、借手は、リース料を貸手に支払う取引をいう。 　リース契約に基づくリース期間の中途において契約	第74条　略 2　略 3　次の各号に掲げる資産は、当該各号に定めるものに属するものとする。 一　次に掲げる資産 　　流動資産 　　　イ～ハ　略

257

区分	項目	中小会計要領	中小指針	会社計算規則
リース取引	会計処理	を賃借する場合、リース会社等からリースを行うケースと、例えばコピー機を短期間借り受けるケースが考えられます。本文の「リース取引」は、前者を想定しています。(各論10)	を解除することができないリース取引又はこれに準ずるリース取引で、借手が、契約に基づきリース物件からもたらされる経済的利益を実質的に享受することができ、かつ、リース物件の使用に伴って生じるコストを実質的に負担することとなるリース取引をファイナンス・リース取引といい、このうち、リース契約上の諸条件に照らしてリース物件の所有権が借手に移転すると認められるもの以外の取引を所有権移転外ファイナンス・リース取引という。(指針74-2)	ニ　所有権移転ファイナンス・リース取引におけるリース債権のうち、通常の取引に基づいて発生したもの（破産更生債権等で一年内に回収されないことが明らかなものを除く。）及び通常の取引以外の取引に基づいて発生したもので１年内に期限が到来するもの ホ　所有権移転外ファイナンス・リース取引におけるリース投資資産のうち、通常の取引に基づいて発生したもの（破産更生債権等で１年内に回収されないことが明らかなものを除く。）及び通常の取引以外の取引に基づいて発生したもので１年内に期限が到来するもの ヘ～レ　略 二　次に掲げる資産（略）有形固定資産 イ～ト　略 　チ　リース資産（当該会社がファイナンス・リース取引におけるリース物件の借主である資

資料　中小会計要領・中小指針・会社計算規則の対照表

区分	項目	中小会計要領	中小指針	会社計算規則
リース取引	会計処理			産であって、当該リース物件がイからトまで及びヌに掲げるものである場合に限る。） リ～ヌ　略 三　次に掲げる資産 無形固定資産 イ～リ　略 ヌ　リース資産（当該会社がファイナンス・リース取引におけるリース物件の借主である資産であって、当該リース物件がイからチまで及びルに掲げるものである場合に限る。） ル　略 四　次に掲げる資産 投資その他の資産 イ～ニ　略 ホ　所有権移転ファイナンス・リース取引におけるリース債権のうち第一号ニに掲げるもの以外のもの ヘ　所有権移転外ファイナンス・リース取引におけるリース投資資産のうち第一号ホに掲げるもの以外のもの ト～チ　略 五　略 4　略

259

区分	項目	中小会計要領	中小指針	会社計算規則
リース取引	会計処理	【解説】 　リース取引の会計処理には、賃貸借取引に係る方法と、売買取引に係る方法に準じて会計処理する方法の2種類があります。 　賃貸借取引に係る方法とは、リース期間の経過とともに、支払リース料を費用処理する方法です。 　一方、売買取引に係る方法に準じた会計処理とは、リース取引を通常の売買取引と同様に考える方法であり、金融機関等から資金の借入を行って資産を購入した場合と同	所有権移転外ファイナンス・リース取引に係る借手は、通常の売買取引に係る方法に準じて会計処理を行う。ただし、通常の賃貸借取引に係る方法に準じて会計処理を行うことができる。 　なお、法人税法上は、すべての所有権移転外リース取引は売買として取り扱われ、賃借人がリース料（賃借料）として経理をした場合においても、その金額は償却費として経理をしたものとされることに留意する。（指針 74-3）	第75条　略 2　次の各号に掲げる負債は、当該各号に定めるものに属するものとする。 　一　次に掲げる負債 　　流動負債 　　　イ〜チ　略 　　　リ　ファイナンス・リース取引におけるリース債務のうち、1年内に期限が到来するもの 　　　ヌ〜ル　略 　二　次に掲げる負債 　　固定負債 　　　イ〜ホ　略 　　　ヘ　ファイナンス・リース取引におけるリース債務のうち、前号リに掲げるもの以外のもの 　　　ト〜チ　略

資料　中小会計要領・中小指針・会社計算規則の対照表

区分	項目	中小会計要領	中小指針	会社計算規則
リース取引	会計処理	様に扱うこととなります。つまり、リース対象物件を「リース資産」として貸借対照表の資産に計上し、借入金に相当する金額を「リース債務」として負債に計上することとなります。また、リース資産は、一般的に定額法で減価償却を行うこととなります。（各論10）		
	注記	【解説】 　賃貸借取引に係る方法で会計処理を行った場合、将来支払うべき金額が貸借対照表に計上されないため、金額的に重要性があるものについては、期末時点での未経過のリース料を注記することが望ましいと考えられます。（各論10）	所有権移転外ファイナンス・リース取引に係る借手は、通常の賃貸借取引に係る方法に準じて会計処理を行った場合には、未経過リース料を注記する。 　ただし、重要性がないリース取引については、注記を省略することができる。（指針74-4）	第108条　リースにより使用する固定資産に関する注記は、ファイナンス・リース取引の借主である株式会社が当該ファイナンス・リース取引について通常の売買取引に係る方法に準じて会計処理を行っていない場合におけるリース物件（固定資産に限る。以下この条において同じ。）に関する事項とする。この場合において、当該リース物件の全部又は一部に係る次に掲げる事項（各リース物件について一括して注記する場合にあっては、一括して注記すべきリース物件に関する事項）を含めることを妨げない。 一　当該事業年度の末日における取得原価相当額 二　当該事業年度の末日における減価償却累計額相当額

261

区分	項目	中小会計要領	中小指針	会社計算規則
リース取引	注記			三 当該事業年度の末日における未経過リース料相当額 四 前3号に掲げるもののほか、当該リース物件に係る重要な事項
外貨建取引等	取引発生時の処理	【本文】 (1) 外貨建取引（外国通貨で受け払いされる取引）は、当該取引発生時の為替相場による円換算額で計上する。（各論12） 【解説】 　外貨建取引とは、決済が円以外の外国通貨で行われる取引をいいます。 　例えば、ドル建で輸出を行った場合、ドル建の売上金額に、取引を行った時のドル為替相場を乗じて円換算し、売上高と売掛金を計上します。 　この場合の、取引発生時のドル為替相場は、取引が発生した日の為替相場のほか、前月の平均為替相場等直近の一定期間の為替相場や、前月末日の為替相場等直近の一定の日の為替相場を利用することが考えられます。 　為替予約を行っている場合には、外貨建取引及び外貨建金銭債権債務について、決済時における確定の円換算額で計上することができます。（各論12）	外貨建取引は、原則として、当該取引発生時の為替相場による円換算額をもって記録する。（指針75）	

区分	項目	中小会計要領	中小指針	会社計算規則
外貨建取引等	決算時の処理	【本文】 (2) 外貨建金銭債権債務については、取得時の為替相場又は決算時の為替相場による円換算額で計上する。(各論12) 【解説】 　ドル建の売上取引に関する売掛金が、期末時点でも残っている場合は、貸借対照表に記載する金額は、取引を行った時のドル為替相場による円換算額か、決算日の為替相場による円換算額かのいずれかで計上します。 　なお、決算日の為替相場のほか、決算日の前後一定期間の平均為替相場を利用することも考えられます。(各論12)	外国通貨、外貨建金銭債権債務等の金融商品については、決算時において、原則として、次の処理を行う。 (1) 外国通貨については、決算時の為替相場による円換算額を付す。 (2) 外貨建金銭債権債務（外貨預金を含む。）については、決算時の為替相場による円換算額を付す。 (3) 満期保有目的の外貨建債券については、外国通貨による取得原価又は償却原価法に基づく価格を決算時の為替相場により円換算した額を付す。 (4) 外貨建売買目的有価証券及びその他有価証券については、外国通貨による時価（その他有価証券のうち時価のないものについては取得原価）を決算時の為替相場により円換算した額を付す。 (5) 子会社株式及び関連会社株式については、取得時の為替相場による円換算額を付す。 (6) 外貨建有価証券について時価の著しい下落又は実質価額の著しい低下により評価額の引下げが求められる場合には、当該外貨建有価証券の時価又は実質価額は、外国通貨による時価又は実質価額を決算時の為替相場により円換算した額による。 (指針76)	

263

区分	項目	中小会計要領	中小指針	会社計算規則
外貨建取引等	換算差額の処理	【解説】 　決算日の為替相場によった場合には、取引を行ったときのドル為替相場による円換算額との間に差額が生じますが、これは為替差損益として損益処理します。（各論12）	換算差額及び決済差損益は、原則として、営業外損益の部において当期の為替差損益として処理する。ただし、有価証券を時価で計上した場合の評価差額に含まれる換算差額は、当該評価差額に関する処理方法に従う。（指針77）	
	ヘッジ会計		外貨建取引に係る外貨建金銭債権債務と為替予約等との関係がヘッジ会計の要件を充たしている場合には、当該外貨建取引についてヘッジ会計を適用することができる。また、為替予約等により確定する決済時における円貨額により金銭債権債務等を換算し直物相場との差額を期間配分する方法（振当処理）によることもできる。（指針78）	
	会計処理と法人税法上の取扱い		会計処理が特殊な項目を除き決算時の為替相場により換算するのに対して、法人税法は外貨建資産等の期末換算に関して、外貨建資産等を一年基準により短期と長期とに分類した上で、期末換算の方法を規定している。 　しかし、外貨建その他有価証券を除き、換算方法等を税務署長に届け出ることにより、本指針の会計処理と法人税法上の取扱いを一致させることができる。 ＊図表略 （指針79）	

資料　中小会計要領・中小指針・会社計算規則の対照表

区分	項目	中小会計要領	中小指針	会社計算規則
組織再編の会計（企業結合会計及び事業分離会計）	企業結合会計		(1) 企業結合会計の概要 　企業結合とは、ある企業又はある企業を構成する事業と他の企業又は他の企業を構成する事業とが1つの報告単位に統合されることをいう。企業結合の形式としては、合併、会社分割、事業譲渡、株式交換、株式移転などの組織再編がある。 　会計上は、このような組織再編の形式にかかわらず、企業結合の会計上の分類（取得、共同支配企業の形成、共通支配下の取引等）に基づき結合企業（吸収合併存続会社、吸収分割承継会社、新設分割設立会社、事業譲受会社など）に適用すべき会計処理が決定される。したがって、ある企業結合が行われた場合、それがどの企業結合の会計上の分類に該当するのかを識別することが必要になる。 (2) 資産及び負債の受入れに関する会計処理 　企業結合が取得と判定された場合には、結合企業は被結合企業（吸収合併消滅会社、吸収分割会社、新設分割会社、事業譲渡会社など）から受け入れる資産及び負債に企業結合日の時価を付さなければならない。ただし、取得と判定された場	第11条　会社は、吸収型再編、新設型再編又は事業の譲受けをする場合において、適正な額ののれんを資産又は負債として計上することができる。 第12条　会社は、吸収分割、株式交換、新設分割、株式移転又は事業の譲渡の対価として株式又は持分を取得する場合において、当該株式又は持分に係る適正な額の特別勘定を負債として計上することができる。 第35条　吸収型再編対価の全部又は一部が吸収合併存続会社の株式又は持分である場合には、吸収合併存続会社において変動する株主資本等の総額（次項において「株主資本等変動額」という。）は、次の各号に掲げる場合の区分に応じ、当該各号に定める方法に従い定まる額とする。 一　当該吸収合併が支配取得に該当する場合（吸収合併消滅会社による支配取得に該当する場合を除く。）吸収型再編対価時価又は吸収型再編対象財産の時価を

265

区分	項目	中小会計要領	中小指針	会社計算規則
組織再編の会計（企業結合会計及び事業分離会計）	企業結合会計		合であっても、結合企業（取得企業）が受け入れる資産及び負債について、以下のいずれかの要件を満たす場合には、被結合企業（被取得企業）の適正な帳簿価額を付すことができる。 ① 企業結合日の時価と被結合企業の適正な帳簿価額との間に重要な差異がないと見込まれるとき ② 時価の算定が困難なとき 　また、取得以外の企業結合の場合には、被結合企業の適正な帳簿価額を付さなければならない。ここで、適正な帳簿価額とは、一般に公正妥当と認められる企業会計の基準その他の企業会計の慣行を斟酌して算定された帳簿価額をいう。したがって、企業会計の基準等に照らして帳簿価額に誤りがある場合には、その引継ぎに際して修正を行うことになる。 　このように、結合企業が受け入れる資産及び負債を時価以下の範囲で適宜に評価替えするような会計処理は認められない。 (3) 対価の支払いに関する会計処理 　企業結合が取得と判定された場合及び共通支配	基礎として算定する方法 二　吸収合併存続会社と吸収合併消滅会社が共通支配下関係にある場合　吸収型再編対象財産の吸収合併の直前の帳簿価額を基礎として算定する方法（前号に定める方法によるべき部分にあっては、当該方法） 三　前２号に掲げる場合以外の場合　前号に定める方法 2　前項の場合には、吸収合併存続会社の資本金及び資本剰余金の増加額は、株主資本等変動額の範囲内で、吸収合併存続会社が吸収合併契約の定めに従いそれぞれ定めた額とし、利益剰余金の額は変動しないものとする。ただし、株主資本等変動額が零未満の場合には、当該株主資本等変動額のうち、対価自己株式の処分により生ずる差損の額をその他資本剰余金（当該吸収合併存続会社が持分会社の場合にあっては、資本剰余金。次条において同じ。）の減少額とし、その余の額をその他利益剰余金（当該吸収合併存続会社が持分

区分	項目	中小会計要領	中小指針	会社計算規則
組織再編の会計（企業結合会計及び事業分離会計）	企業結合会計		下の取引等のうち少数株主との取引（親会社と子会社が合併する場合で、少数株主が保有する子会社株式を交換する取引など）に該当する場合には、結合企業が交付する株式等の財は時価で測定しなければならない。ただし、株式等の財の時価の算定が困難な場合には、(2)により算定された資産及び負債の時価を基礎とした評価額（時価の算定が困難な場合には適正な帳簿価額による純資産額）を用いることができる。 (4) 増加する株主資本の会計処理 　企業結合が取得と判定された場合で対価として株式を交付したときは、払込資本（資本金、資本準備金及びその他資本剰余金のいずれか）を増加させる。（指針80）	会社の場合にあっては、利益剰余金。次条において同じ。）の減少額とし、資本金、資本準備金及び利益準備金の額は変動しないものとする。 第36条　前条の規定にかかわらず、吸収型再編対価の全部が吸収合併存続会社の株式又は持分である場合であって、吸収合併消滅会社における吸収合併の直前の株主資本等を引き継ぐものとして計算することが適切であるときには、吸収合併の直前の吸収合併消滅会社の資本金、資本剰余金及び利益剰余金の額をそれぞれ当該吸収合併存続会社の資本金、資本剰余金及び利益剰余金の変動額とすることができる。ただし、対価自己株式又は先行取得分株式等がある場合にあっては、当該対価自己株式又は当該先行取得分株式等の帳簿価額を吸収合併の直前の吸収合併消滅会社のその他資本剰余金の額から減じて得た額を吸収合併存続会社のその他資本剰余金の変動額とする。 2　吸収型再編対価が存

区分	項目	中小会計要領	中小指針	会社計算規則
組織再編の会計（企業結合会計及び事業分離会計）	企業結合会計			しない場合であって、吸収合併消滅会社における吸収合併の直前の株主資本等を引き継ぐものとして計算することが適切であるときには、吸収合併の直前の吸収合併消滅会社の資本金及び資本剰余金の合計額を当該吸収合併存続会社のその他資本剰余金の変動額とし、吸収合併の直前の利益剰余金の額を当該吸収合併存続会社のその他利益剰余金の変動額とすることができる。ただし、先行取得分株式等がある場合にあっては、当該先行取得分株式等の帳簿価額を吸収合併の直前の吸収合併消滅会社の資本金及び資本剰余金の合計額から減じて得た額を吸収合併存続会社のその他資本剰余金の変動額とする。 第45条　新設合併が支配取得に該当する場合には、新設合併設立会社の設立時の株主資本等の総額は、次の各号に掲げる部分の区分に応じ、当該各号に定める額の合計額（次項において「株主資本等変動額」という。）とする。 一　新設合併取得会社

区分	項目	中小会計要領	中小指針	会社計算規則
組織再編の会計（企業結合会計及び事業分離会計）	企業結合会計			に係る部分　当該新設合併取得会社の財産の新設合併の直前の帳簿価額を基礎として算定する方法に従い定まる額 二　新設合併取得会社以外の新設合併消滅会社に係る部分　当該新設合併消滅会社の株主等に交付される新設型再編対価時価又は新設型再編対象財産の時価を基礎として算定する方法に従い定まる額 2　前項の場合には、当該新設合併設立会社の設立時の資本金及び資本剰余金の額は、株主資本等変動額の範囲内で、新設合併消滅会社が新設合併契約の定めに従いそれぞれ定めた額とし、利益剰余金の額は零とする。ただし、株主資本等変動額が零未満の場合には、当該額を設立時のその他利益剰余金（当該新設合併設立会社が持分会社の場合にあっては、利益剰余金。第47条第2項において同じ。）の額とし、資本金、資本剰余金及び利益準備金の額は零とする。 3　前2項の規定にかかわらず、第1項の場合であって、新設合併取

区分	項目	中小会計要領	中小指針	会社計算規則
組織再編の会計（企業結合会計及び事業分離会計）	企業結合会計			得会社の株主等に交付する新設型再編対価の全部が新設合併設立会社の株式又は持分であるときは、新設合併設立会社の設立時の資本金、資本剰余金及び利益剰余金の額は、次の各号に掲げる部分の区分に応じ、当該各号に定める規定を準用してそれぞれ算定される額の合計額とすることができる。 一　新設合併取得会社に係る部分　第47条 二　新設合併取得会社以外の新設合併消滅会社に係る部分　第1項（同項第一号に係る部分を除く。）及び前項 第46条　新設合併消滅会社の全部が共通支配下関係にある場合には、新設合併設立会社の設立時の株主資本等の総額は、新設型再編対象財産の新設合併の直前の帳簿価額を基礎として算定する方法（前条第1項第二号に規定する方法によるべき部分にあっては、当該方法）に従い定まる額とする。 2　前項の場合には、新設合併設立会社の設立

区分	項目	中小会計要領	中小指針	会社計算規則
組織再編の会計（企業結合会計及び事業分離会計）	企業結合会計			時の資本金、資本剰余金及び利益剰余金の額は、次の各号に掲げる部分の区分に応じ、当該各号に定める規定を準用してそれぞれ算定される額の合計額とする。 一　株主資本承継消滅会社に係る部分　次条第1項 二　非株主資本承継消滅会社に係る部分　前条第2項 第47条　前条第1項の場合であって、新設型再編対価の全部が新設合併設立会社の株式又は持分であり、かつ、新設合併消滅会社における新設合併の直前の株主資本等を引き継ぐものとして計算することが適切であるときには、新設合併の直前の各新設合併消滅会社の資本金、資本剰余金及び利益剰余金の額の各合計額をそれぞれ当該新設合併設立会社の設立時の資本金、資本剰余金及び利益剰余金の額とすることができる。ただし、先行取得分株式等がある場合にあっては、当該先行取得分株式等の帳簿価額を新設合併の直前の各新設合併消滅会社のその他資本剰余金（当該

区分	項目	中小会計要領	中小指針	会社計算規則
組織再編の会計（企業結合会計及び事業分離会計）	企業結合会計			新設合併設立会社が持分会社の場合にあっては、資本剰余金。以下この条において同じ。）の合計額から減じて得た額を新設合併設立会社の設立時のその他資本剰余金の額とする。 2　前項の規定にかかわらず、同項の場合であって、非対価交付消滅会社があるときには、当該非対価交付消滅会社の資本金及び資本剰余金の合計額を当該非対価交付消滅会社のその他資本剰余金の額とみなし、当該非対価交付消滅会社の利益剰余金の額を当該非対価交付消滅会社のその他利益剰余金の額とみなして、同項の規定を適用する。 第48条　第45条1項及び第46条第1項に規定する場合以外の場合には、新設合併設立会社の設立時の資本金、資本剰余金及び利益剰余金の額は、同条及び前条の定めるところにより計算する。
	事業分離会計		(1)　事業分離会計の概要 　　事業分離とは、ある企業を構成する事業を他の企業（新設される企業を含む。）に移転することをいう。事業分離には、	第37条　吸収型再編対価の全部又は一部が吸収分割承継会社の株式又は持分である場合には、吸収分割承継会社において変動する株主

資料　中小会計要領・中小指針・会社計算規則の対照表

区分	項目	中小会計要領	中小指針	会社計算規則
組織再編の会計（企業結合会計及び事業分離会計）	事業分離会計		会社分割、事業譲渡などの組織再編がある。 　会計上は、分離元企業（吸収分割会社、新設分割会社、事業譲渡会社など）にとって、移転した事業に対する投資が継続しているか、それとも清算されたのかにより、適用すべき会計処理が決定される。 (2) 投資が継続している場合の会計処理 　投資が継続していると判定された場合には、分離元企業が分離先企業（吸収分割承継会社、新設分割設立会社、事業譲受会社など）から受け取った対価は、移転した事業の適正な帳簿価額に基づいて算定することになるため、財務諸表上、移転損益は発生しない。分離元企業が対価として株式のみを受け取り、その株式が子会社株式や関連会社株式に該当する場合には、投資は継続しているものとみなされる。 (3) 投資が清算された場合の会計処理 　投資が清算されたと判定された場合には、分離元企業が分離先企業から受け取った対価は時価で評価され、移転した事業の適正な帳簿価額との差額が移転損益として計上される。分離元企業が受	資本等の総額（次項において「株主資本等変動額」という。）は、次の各号に掲げる場合の区分に応じ、当該各号に定める方法に従い定まる額とする。 一　当該吸収分割が支配取得に該当する場合（吸収分割会社による支配取得に該当する場合を除く。）吸収型再編対価時価又は吸収型再編対象財産の時価を基礎として算定する方法 二　前号に掲げる場合以外の場合であって、吸収型再編対象財産に時価を付すべきとき　前号に定める方法 三　吸収分割承継会社と吸収分割会社が共通支配下関係にある場合（前号に掲げる場合を除く。）吸収型再編対象財産の吸収分割の直前の帳簿価額を基礎として算定する方法（第一号に定める方法によるべき部分にあっては、当該方法） 四　前３号に掲げる場合以外の場合　前号に定める方法 2　前項の場合には、吸収分割承継会社の資本金及び資本剰余金の増

273

区分	項目	中小会計要領	中小指針	会社計算規則
組織再編の会計（企業結合会計及び事業分離会計）	事業分離会計		け取った対価が現金等の財産である場合には、通常、投資が清算されたものとみなされる。（指針81）	加額は、株主資本等変動額の範囲内で、吸収分割承継会社が吸収分割契約の定めに従いそれぞれ定めた額とし、利益剰余金の額は変動しないものとする。ただし、株主資本等変動額が零未満の場合には、当該株主資本等変動額のうち、対価自己株式の処分により生ずる差損の額をその他資本剰余金（当該吸収分割承継会社が持分会社の場合にあっては、資本剰余金。次条において同じ。）の減少額とし、その余の額をその他利益剰余金（当該吸収分割承継会社が持分会社の場合にあっては、利益剰余金。次条において同じ。）の減少額とし、資本金、資本準備金及び利益準備金の額は変動しないものとする。 第38条 前条の規定にかかわらず、分割型吸収分割における吸収型再編対価の全部が吸収分割承継会社の株式又は持分である場合であって、吸収分割会社における吸収分割の直前の株主資本等の全部又は一部を引き継ぐものとして計算すること

区分	項目	中小会計要領	中小指針	会社計算規則
組織再編の会計（企業結合会計及び事業分離会計）	事業分離会計			が適切であるときには、分割型吸収分割により変動する吸収分割会社の資本金、資本剰余金及び利益剰余金の額をそれぞれ当該吸収分割承継会社の資本金、資本剰余金及び利益剰余金の変動額とすることができる。ただし、対価自己株式がある場合にあっては、当該対価自己株式の帳簿価額を吸収分割により変動する吸収分割会社のその他資本剰余金の額から減じて得た額を吸収分割承継会社のその他資本剰余金の変動額とする。 2　吸収型再編対価が存しない場合であって、吸収分割会社における吸収分割の直前の株主資本等の全部又は一部を引き継ぐものとして計算することが適切であるときには、吸収分割により変動する吸収分割会社の資本金及び資本剰余金の合計額を当該吸収分割承継会社のその他資本剰余金の変動額とし、吸収分割により変動する吸収分割会社の利益剰余金の額を当該吸収分割承継会社のその他利益剰余金の変動額とすることができる。

区分	項目	中小会計要領	中小指針	会社計算規則
組織再編の会計（企業結合会計及び事業分離会計）	事業分離会計			3　前2項の場合の吸収分割会社における吸収分割に際しての資本金、資本剰余金又は利益剰余金の額の変更に関しては、法第2編第5章第3節第2款の規定その他の法の規定に従うものとする。 第49条　新設分割設立会社（2以上の会社が新設分割する場合における新設分割設立会社を除く。以下この条及び次条において同じ。）の設立時における株主資本等の総額は、新設型再編対象財産の新設分割会社における新設分割の直前の帳簿価額を基礎として算定する方法（当該新設型再編対象財産に時価を付すべき場合にあっては、新設型再編対価時価又は新設型再編対象財産の時価を基礎として算定する方法）に従い定まる額（次項において「株主資本等変動額」という。）とする。 2　前項の場合には、新設分割設立会社の資本金及び資本剰余金の額は、株主資本等変動額の範囲内で、新設分割会社が新設分割計画の定めに従いそれぞれ定めた額とし、利益剰余

区分	項目	中小会計要領	中小指針	会社計算規則
組織再編の会計（企業結合会計及び事業分離会計）	事業分離会計			金の額は零とする。ただし、株主資本等変動額が零未満の場合には、当該株主資本等変動額をその他利益剰余金（新設分割設立会社が持分会社である場合にあっては、利益剰余金）の額とし、資本金、資本剰余金及び利益準備金の額は零とする。 第50条　前条の規定にかかわらず、分割型新設分割の新設型再編対価の全部が新設分割設立会社の株式又は持分である場合であって、新設分割会社における新設分割の直前の株主資本等の全部又は一部を引き継ぐものとして計算することが適切であるときには、分割型新設分割により変動する新設分割会社の資本金、資本剰余金及び利益剰余金の額をそれぞれ新設分割設立会社の設立時の資本金、資本剰余金及び利益剰余金の額とすることができる。 2　前項の場合の新設分割会社における新設分割に際しての資本金、資本剰余金又は利益剰余金の額の変更に関しては、法第2編第5章第3節第2款の規定その他の法の規定に従う

区分	項目	中小会計要領	中小指針	会社計算規則
組織再編の会計（企業結合会計及び事業分離会計）	事業分離会計			ものとする。 第51条　2以上の会社が新設分割をする場合には、次に掲げるところに従い、新設分割設立会社の株主資本又は社員資本を計算するものとする。 一　仮に各新設分割会社が他の新設分割会社と共同しないで新設分割を行うことによって会社を設立するものとみなして、当該会社（以下この条において「仮会社」という。）の計算を行う。 二　各仮会社が新設合併をすることにより設立される会社が新設分割設立会社となるものとみなして、当該新設分割設立会社の計算を行う。
注記	注記の必要性	【本文】 (1)　会社計算規則に基づき、重要な会計方針に係る事項、株主資本等変動計算書に関する事項等を、注記する。 （各論14） 【解説】 　決算書は、経営者が、企業の経営成績や財政状態を把握するとともに、企業の外部の利害関係者に経営成績や財政状態を	➤会社計算規則では、重要な会計方針に係る事項に関する注記等の項目に区分して、個別注記表を表示するよう要求されており、かつ、それら以外でも貸借対照表、損益計算書及び株主資本等変動計算書により会社の財産又は損益の状態を正確に判断するために必要な事項は注記しなければならないとしている。したがって、これらの規則に従い	第98条　注記表は、次に掲げる項目に区分して表示しなければならない。 一　略 二　重要な会計方針に係る事項……に関する注記 三　会計方針の変更に関する注記 四　表示方法の変更に関する注記 五　略 六　誤謬の訂正に関する注記

資料　中小会計要領・中小指針・会社計算規則の対照表

区分	項目	中小会計要領	中小指針	会社計算規則
注記	注記の必要性	伝える目的で作成しますが、貸借対照表や損益計算書の情報を補足するために、一定の注記を記載する必要があります。（各論14）	注記を行うことが必要である。（指針要点）	七・八　略 九　株主資本等変動計算書……に関する注記 十〜十八　略 十九　その他の注記 2　略
	注記すべき事項	【解説】 　(1)に挙げられている重要な会計方針に係る事項は、有価証券や棚卸資産の評価基準及び評価方法、固定資産の減価償却の方法、引当金の計上基準等を記載します。 　株主資本等変動計算書に関する注記は、決算期末における発行済株式数や配当金額等を記載します。 　(1)で挙げられた項目以外として、会計方針の変更又は表示方法の変更もしくは誤謬の訂正を行ったときには、その変更内容等を記載します。 　また、本要領では、貸借対照表に関する注記として、「受取手形割引額及び受取手形裏書譲渡額」を注記することとしています。「未経過リース料」についても注記することが望まれます。 　その他貸借対照表、損益計算書及び株主資本等変動計算書により会社の財産又は損益の状態を正		第101条　重要な会計方針に係る事項に関する注記は、会計方針に関する次に掲げる事項（重要性の乏しいものを除く。）とする。 一　資産の評価基準及び評価方法 二　固定資産の減価償却の方法 三　引当金の計上基準 四　収益及び費用の計上基準 五　その他計算書類の作成のための基本となる重要な事項 第102条の2　会計方針の変更に関する注記は、一般に公正妥当と認められる会計方針を他の一般に公正妥当と認められる会計方針に変更した場合における次に掲げる事項（重要性の乏しいものを除く。）とする。ただし、会計監査人設置会社以外の株式会社及び持分会社にあっては、第四号ロ及びハに掲げる事項を省略することができる。

区分	項目	中小会計要領	中小指針	会社計算規則
注記	注記すべき事項	確に判断するために必要な事項を注記します。例えば、担保資産に関する注記が考えられます。(各論14)		一　当該会計方針の変更の内容 二　当該会計方針の変更の理由 三　そ及適用をした場合には、当該事業年度の期首における純資産額に対する影響額 四　当該事業年度より前の事業年度の全部又は一部についてそ及適用をしなかった場合には、次に掲げる事項（当該会計方針の変更を会計上の見積りの変更と区別することが困難なときは、ロに掲げる事項を除く。） 　イ　計算書類又は連結計算書類の主な項目に対する影響額 　ロ　当該事業年度より前の事業年度の全部又は一部についてそ及適用をしなかった理由並びに当該会計方針の変更の適用方法及び適用開始時期 八　当該会計方針の変更が当該事業年度の翌事業年度以降の財産又は損益に影響を及ぼす可能性がある場合であって、当該影響に関する事項を注記することが適切であるときは、当

資料　中小会計要領・中小指針・会社計算規則の対照表

区分	項目	中小会計要領	中小指針	会社計算規則
注記	注記すべき事項			該事項 2　個別注記表に注記すべき事項（前項第三号並びに第四号ロ及びハに掲げる事項に限る。）が連結注記表に注記すべき事項と同一である場合において、個別注記表にその旨を注記するときは、個別注記表における当該事項の注記を要しない。 第102条の3　表示方法の変更に関する注記は、一般に公正妥当と認められる表示方法を他の一般に公正妥当と認められる表示方法に変更した場合における次に掲げる事項（重要性の乏しいものを除く。）とする。 一　当該表示方法の変更の内容 二　当該表示方法の変更の理由 2　個別注記表に注記すべき事項（前項第二号に掲げる事項に限る。）が連結注記表に注記すべき事項と同一である場合において、個別注記表にその旨を注記するときは、個別注記表における当該事項の注記を要しない。 第102条の5　誤謬の訂正に関する注記は、誤

281

区分	項目	中小会計要領	中小指針	会社計算規則
注記	注記すべき事項			謬の訂正をした場合における次に掲げる事項（重要性の乏しいものを除く。）とする。 一　当該誤謬の内容 二　当該事業年度の期首における純資産額に対する影響額 第105条　株主資本等変動計算書に関する注記は、次に掲げる事項とする。この場合において、連結注記表を作成する株式会社は、第二号に掲げる事項以外の事項は、省略することができる。 一　当該事業年度の末日における発行済株式の数（種類株式発行会社にあっては、種類ごとの発行済株式の数） 二　当該事業年度の末日における自己株式の数(種類株式発行会社にあっては、種類ごとの自己株式の数) 三　当該事業年度中に行った剰余金の配当（当該事業年度の末日後に行う剰余金の配当のうち、剰余金の配当を受ける者を定めるための法第124条第1項に規定する基準日が当該事業年度中のものを含む。）に関する次に

資料　中小会計要領・中小指針・会社計算規則の対照表

区分	項目	中小会計要領	中小指針	会社計算規則
注記	注記すべき事項			掲げる事項その他の事項 イ　配当財産が金銭である場合における当該金銭の総額 ロ　配当財産が金銭以外の財産である場合における当該財産の帳簿価額（当該剰余金の配当をした日においてその時の時価を付した場合にあっては、当該時価を付した後の帳簿価額）の総額 四　当該事業年度の末日における当該株式会社が発行している新株予約権（法第236条第1項第四号の期間の初日が到来していないものを除く。）の目的となる当該株式会社の株式の数（種類株式発行会社にあっては、種類及び種類ごとの数） 第116条　その他の注記は、第100条から前条までに掲げるもののほか、貸借対照表等、損益計算書等及び株主資本等変動計算書等により会社（連結注記表にあっては、企業集団）の財産又は損益の状態を正確に判断するために必要な事項とする。

283

区分	項目	中小会計要領	中小指針	会社計算規則
注記	作成した旨の注記	【本文】 (2) 本要領に拠って計算書類を作成した場合には、その旨を記載する。(各論14) 【解説】 　その企業がどのような会計ルールを適用しているかという情報は、利害関係者にとってその企業の経営成績や財政状態を判断する上で重要な情報であり、(2)にあるように、本要領に拠って計算書類を作成した場合には、その旨を記載することが考えられます。この記載は、利害関係者に対して、決算書の信頼性を高める効果も期待されます。(各論14)	本指針によって計算書類を作成した場合にはその旨を注記する必要がある。(指針83)	
	役員と会社間の取引		役員の個人的な信用が重視される中小企業の特性を考慮して、役員と会社間との取引についても注記事項として開示することが望ましい。(指針84)	
	電磁的方法		電磁的方法により決算書類を公開することができる。この方法によれば注記による情報量の増加もそれほどの負担にはならない。(指針85)	

区分	項目	中小会計要領	中小指針	会社計算規則
決算公告等	決算公告		➢貸借対照表は公告しなければならない。 ➢公告方法が官報又は時事に関する事項を掲載する日刊新聞紙である株式会社は、貸借対照表に記載され又は記録された情報を電磁的方法により公開することができる。その場合は、その要旨ではなく、貸借対照表そのものを開示する必要がある。（指針要点）	
	例 示		貸借対照表及び損益計算書並びに株主資本等変動計算書の例は、下記のとおりである。ただし、項目の名称については一般的なものを示しており、企業の実態に応じてより適切に表示すると判断される場合には、項目の名称の変更又は項目の追加を妨げるものではない。（指針87）	
	キャッシュ・フロー計算書		会社法上、キャッシュ・フロー計算書の作成は要求されていない。しかし、経営者自らが会社の経営実態を正確に把握するとともに、金融機関や取引先からの信頼性の向上を図るため、キャッシュ・フロー計算書を作成することが望ましい。（指針88）	

平成23年12月改正通則法で
税務調査はこう変わる！

税理士　都築　巖　著

平成23年12月改正の国税通則法改正により明確化された税務調査手続（事前通知、調査終了時の手続、物件の預かり等）について、その内容を簡潔に解説。実務家が判断に迷うポイントを中心にQ&Aを用いて詳解。

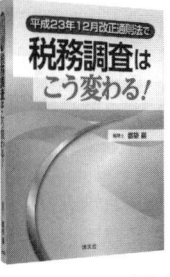

主要目次
第1章　改正前の税務調査手続
1　改正前における税務調査とはどのようなものか
2　税務調査における事前通知
3　税務調査の開始　他

第2章　改正法適用以降の税務調査手続
1　質問検査権の整理
2　納税義務者等に対する調査の事前通知等
3　調査の終了の際の手続　他

第3章　改正通則法に関するQ&A
1　事前通知の法定化
2　調査終了手続の法定化
3　帳簿書類等の留置き
4　更正の期間制限及び更正の請求期間の延長　他

■A5判226頁/定価 2,310円(税込)

新版
税務調査と質問検査権の法知識Q&A

税理士　安部和彦　著

税務調査の現場でよく起こりがちなトラブルや疑問などについて、その法的根拠や妥当性をあますところなく解説。

■A5判344頁/定価 2,730円(税込)

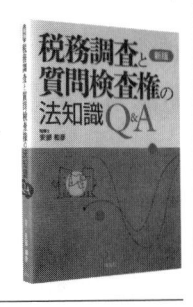

税務調査の指摘事例からみる
法人税・所得税・消費税の売上をめぐる税務

税理士　安部和彦　著

売上（収益・課税売上）をめぐる所得税・法人税・消費税の基本的な考え方を整理し、会計理論や会計原則、IFRSの収益認識基準との関連性を踏まえ、具体的事例をまじえ、理論と実務の両面より解説。

■A5判234頁/定価 2,100円(税込)

■著者紹介

櫻庭 周平（さくらば・しゅうへい）

税理士・公認会計士

昭和22年生まれ。昭和監査法人（現 新日本有限責任監査法人）を経て、上場準備企業において経理部長などを歴任、東証上場後は役員として経営実務に携わる。平成9年に櫻庭公認会計士事務所開設。経営実務に通じた会計の専門家として、経営者層への経営全般にわたるアドバイスや経営実務を重視した経営コンサルティングを展開。

現在、中小企業庁＆金融庁「中小企業の会計に関する検討会WG」委員、経済産業省「中小企業政策審議会企業力強化部会」臨時委員、ビジネス・ブレークスルー大学大学院教授、Cornell University Retail Management Program of Japan 講師、NPO法人 会計参与支援センター理事長など、多数の要職を兼任している。

なお、主な著作に『12週で分かる社長の計数』（商業界）、『子会社のための連結決算』（中央経済社）、『中小企業を支援する会計参与制度』（共著、大蔵財務協会）などがある。

顧問先経営指導に使える・役立つ 税理士のための中小会計要領活用ガイド

2012年7月13日 初版発行

著　者　　櫻庭 周平 ©

発行者　　小泉 定裕

発行所　　株式会社 清文社

東京都千代田区内神田1-6-6（MIFビル）
〒101-0047　電話 03（6273）7946　FAX 03（3518）0299
大阪市北区天神橋2丁目北2-6（大和南森町ビル）
〒530-0041　電話 06（6135）4050　FAX 06（6135）4059
URL http://www.skattsei.co.jp/

印刷：㈱太洋社

■著作権法により無断複写複製は禁止されています。落丁本・乱丁本はお取り替えします。
■本書の内容に関するお問い合わせは編集部までFAX（03-3518-8864）でお願いします。

ISBN978-4-433-57432-1